广东名村系列丛书

广东特色产业村

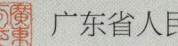广东省人民政府地方志办公室 编

华南理工大学出版社
·广州·

图书在版编目（CIP）数据

广东特色产业村/广东省人民政府地方志办公室编. —广州：华南理工大学出版社，2019.9（2024.11重印）

（广东名村系列丛书）

ISBN 978-7-5623-6034-6

Ⅰ. ①广… Ⅱ. ①广… Ⅲ. ①村史–广东 Ⅳ. ① K296.55

中国版本图书馆 CIP 数据核字（2019）第 132444 号

Guangdong Tese Chanyecun

广东特色产业村
广东省人民政府地方志办公室　编

出 版 人：房俊东
出版发行：华南理工大学出版社
　　　　　（广州五山华南理工大学17号楼，邮编510640）
　　　　　http://hg.cb.scut.edu.cn　E-mail: scutc13@scut.edu.cn
　　　　　营销部电话：020-87113487　87111048（传真）
策划编辑：王魁葵　刘志秋
责任编辑：王魁葵　李　珊
印 刷 者：广州市人民印刷厂股份有限公司
开　　本：787 mm×1092 mm　1/16　印张：16.75　字数：408 千
版　　次：2019年9月第1版　2024年11月第3次印刷
印　　数：3101 — 4100 册
定　　价：128.00 元

版权所有　盗版必究　　印装差错　负责调换

《广东名村系列丛书》编委会

主　　任：陈华康
副 主 任：丘洪松　刘　卫　朱立学
成　　员（以姓氏笔画为序）：
　　　　　　丁伟志　王　涛　王　傅　王道钰　邓翠萍
　　　　　　田　亮　吕汉光　朱正国　朱雄文　刘　波
　　　　　　刘路红　许志国　孙　林　孙少娜　李文蔚
　　　　　　杨立勋　邱家秋　张世开　陈　岚　陈子新
　　　　　　陈宏亮　陈宝德　罗会明　郑安兴　钟伟基
　　　　　　钟涓泓　洪志勇　姚佑雄　莫秀吉　黄小晶
　　　　　　黄荣超　戚兴华　彭建伟　曾秀兰　颜　琳
主　　编：陈华康
副 主 编：刘　卫　朱立学　陈泽泓

《广东名村系列丛书》编辑部

主　　任：刘　波　曾秀兰
副 主 任（以姓氏笔画为序）：
　　　　　　王　傅　王晓亮　刘　珂　许志国　孙　林
　　　　　　张　莹　萧艳娥　戚兴华　颜　琳
成　　员（以姓氏笔画为序）：
　　　　　　王洁娟　卢博希　华姝姝　李学英　林欣捷
　　　　　　林徐鹏　顾书娟　郭小娜　黄　璐

《广东特色产业村》编写组

　　　　　许志国　华姝姝

《广东特色产业村》审查小组

　　　　　朱立学　曾秀兰　颜　琳　孙　林　许志国
　　　　　戚兴华　王　傅

Preface 前 言

　　乡村振兴是党的十九大作出的重大决策部署。建设产业兴旺、生态宜居、乡风文明、治理有效、生活富裕的乡村，是实施乡村振兴战略的总要求和总目标。党中央、国务院发布的《乡村振兴战略规划（2018—2022年）》指出，中华文明根植于农耕文化，乡村是中华文明的基本载体。深入挖掘农耕文化蕴含的优秀思想观念、人文精神、道德规范，结合时代要求在保护传承的基础上创造性转化、创新性发展，有利于在新时代焕发出乡风文明的新气象，进一步丰富和传承中华优秀传统文化。广东省委、省政府制定《关于推进乡村振兴战略的实施意见》，把乡村振兴摆在全省工作的"重中之重"。

　　广东省人民政府地方志办公室自2015年起开展全省自然村落历史人文普查，覆盖全省13万多个自然村，普查项目包括村落由来、建置沿革、姓氏人口、生产经营、物产资源、传统建筑、风俗习惯、文物非遗、人物等40个大项200个小项，为全面摸清广东乡村历史人文资源迈出坚实的一步，以普查资料编纂的《全粤村情》《驿道乡情》《广东省精准扶贫村情集成》系列图书陆续出版；组织多彩乡村主题教育实践活动，建立服务乡村数据库，带动全省地方志系统开发利用普查资源，打造项目多达400项。普查与乡村振兴战略高度契合，省地方志办把握新时代地方志事业发展战略机遇，制定了《开发利用自然村落普查资源　助力乡村振兴战略工作方案（2018—2020）》，利用村落普查资源优势，对全省数亿文字的普查资料进行结构化开发利用，开发一批反映乡村人文历史及乡土风情的文化产品，助力乡村振兴战略。其中，"广东名村系列丛书"和"广东乡村集萃系列丛书"就是省地方志办策划、组织编撰的乡土文化普及读物，在全省自然村落普查的基础上，组织各地方志办推荐部分历史悠久、文化深厚、特色突出的村落，报送相关图文资料，再经项目编写组选录编撰。丛书执简驭繁，以图文并茂的形式，从不同角度展现广东乡村的悠久历史、乡土风情和文化魅力。

  美在乡村，情系乡土。根植于乡土的乡村文明史，如一组绵延不断的歌诀从远古吟咏而来，深深影响着人类文明的发展，是维系乡村社会的精神纽带。在工业化、城镇化进程加快的今天，农耕生活已渐渐远去，但几千年的农耕文明已深植于民族血脉。开发利用村落历史文化资源，传承弘扬乡土文化，参与推动广东乡村文化振兴、产业振兴、生态宜居的持续发展的伟大事业，是地方志系统发挥自身价值、践行文化自信的重要举措。

  丛书展现的村落，应当是富有特色、深具代表性的，限于篇幅，还有很多文化底蕴深厚、乡土风情浓郁的村落未能逐一呈现。乡村是一本深邃博大的书，阅不尽，耐寻味，这正是乡村带给人们的魅力所在。她们就像散落在南粤大地上的珍珠，闪耀着温润恒久的光芒，更像是阅尽千古世事却又精神焕发的耆老，叙说着乡里乡情。如果，您能从丛书中领略到广东乡村人文之美，感悟到乡土文化的内涵，激发您走近她，了解她，进而热爱她，愿意为振兴乡村添砖加瓦的话，就是丛书编撰的初衷和美愿了。

Contents 目 录

广州市

花都区文冈村·槟榔香芋　2
从化区黄茅村·甜竹笋　4
从化区黄场村·鸡心黄皮　6
增城区丹邱村·丝苗米　8
增城区基岗村·仙进奉荔枝　10
增城区西境村·迟菜心　12

深圳市

龙岗区禾沙坑村·三联水晶玉石　14
龙岗区大芬村·油画　16
龙华区大水田社区·观澜版画　18
龙华区石凹社区·服装　20

珠海市

斗门区昭信村·海鲈鱼　22
斗门区石龙村·石龙苗木　24

汕头市

濠江区达埠村·濠江鱼丸　26
潮阳区内輋村·乌酥杨梅　28
潮阳区官坑村·三捻橄榄　30
潮南区大寮村·嵌瓷　32
南澳县山顶村·宅鱿　34
南澳县后花园村·宋茶　36

佛山市

南海区六坊村·玉器制作　38
南海区上西村·淡水鱼苗　40

目录 Contents

顺德区旧圩社区·陈村粉 42
顺德区沙滘社区·家具商贸 44
顺德区旺岗村·家具制造 46
顺德区稔海村·鳗鱼 48
高明区田村·合水粉葛 50
高明区黄丽堂村·蔬菜 52

韶关市

武江区龙安村·龙安淮山 54
乐昌市茶料村·黄金柰李 56
乐昌市上廊村·九峰山油桃 58
仁化县黄坑村·黄坑贡柑 60
仁化县东坑村·仁化银毫 62
仁化县长坝村·长坝沙田柚 64
始兴县淋头村·蚕桑 66
翁源县连溪村·连溪米面 68

河源市

和平县水足村·茶乡 70
和平县云峰村·和平猕猴桃 72
和平县增坑畲族村·盘皇茶 74
紫金县汉塘村·紫金春甜桔 76
紫金县市北村·蓝塘猪 78
连平县中村·鹰嘴蜜桃 80

梅州市

梅江区清凉山村·高山绿茶 82
梅县区长教村·雁南飞茶叶 84
梅县区大黄村·金柚 86
兴宁市浊水村·围龙春乌龙茶 88

Contents 目录

平远县邹坊村·脐橙 90
蕉岭县九岭村·三圳淮山 92
蕉岭县黄坑村·黄坑茶 94
大埔县和村·蜜柚 96
大埔县漳溪圩村·青花瓷 98
丰顺县马图村·马山绿茶 100
五华县凤凰村·长乐烧酒 102

惠州市

惠东县竹园村·冬种马铃薯 104
龙门县嘉义庄·农民画 106
龙门县下龙村·麻榨杨桃 108

汕尾市

陆丰市赤坑村·萝卜 110
海丰县虎噉村·皇斋虎噉金针菜 112

东莞市

巷头社区·毛织品 114
鸡翅岭村·莞香 116
乌沙社区·智能手机制造 118

中山市

南文村·红木家具 120
新市社区·五金制造 122
胜龙村·脆肉鲩 124
同安村·小家电 126
古一村·灯饰 128
沙岗村·神湾菠萝 130

目录 Contents

竹排村·禾虫 132
北头村·广式腊肠 134

江门市

新会区仓后村·小冈香 136
台山市朝中村·黑皮冬瓜 138
台山市莘村·水稻 140

阳江市

江城区司垌村·眼镜 142
阳东区柳西村·双肩玉荷包荔枝 144
阳春市高垌村·马水桔 146
阳春市蟠龙村·春砂仁 148
阳西县鸡㘵塱村·远洋捕捞 150
阳西县红光村·程村蚝 152

湛江市

雷州市流沙村·流沙南珠 154
雷州市铺前村·热带水果 156
遂溪县官湖村·土猪养殖 158
遂溪县货湖村·铁皮石斛 160
遂溪县港门村·港门瑶柱 162
遂溪县油河塘村·罗非鱼 164
遂溪县下六村·下六番薯 166
徐闻县愚公楼村·巴厘菠萝 168
徐闻县良姜村·高良姜 170
徐闻县大井村·珍珠 172

Contents 目 录

茂名市

电白区尚塘村·龟鳖养殖 174
电白区沙垌村·沉香 176
信宜市茶山村·三华李 178
信宜市平梅村·竹器编织 180
信宜市大诺村·银妃三华李 182
高州市出瑞龙村·新垌茶 184
化州市大岭村·化橘红 186

肇庆市

端州区白石村·端砚 188
鼎湖区沙二村·肇实 190
高要区古西村·麦溪鲩（鲤）192
高要区仙洞村·活仙粉葛 194
四会市程村·兰花 196
四会市邓村·古法造纸 198
广宁县清桂村·广绿玉 200
广宁县新坑村·龙须菜 202
广宁县拆石村·番薯 204
德庆县诰赠村·贡柑 206
怀集县璃玻村·茶秆竹 208

清远市

清城区铺背村·乡村旅游 210
清新区牛逕村·民宿 212
清新区田塱村·大雾山蒲坑茶 214
连山壮族瑶族自治县蒙洞村·生态旅游 216
连山壮族瑶族自治县东风村·春桔 218
连山壮族瑶族自治县梅洞村·大肉姜 220

目 录 Contents

潮州市

湘桥区莲上村·木雕 222
湘桥区西塘村·手拉朱泥壶 224
潮安区蓬洞村·江东竹笋 226
潮安区洲东村·菜脯 228
潮安区井里村·中医药 230
饶平县岭头村·白叶单丛 232
饶平县溪楼村·原种狮头鹅 234
饶平县南村·深坑茶 236

揭阳市

揭东区坪上村·坪上炒茶 238
普宁市宝镜院村·太空花卉 240

云浮市

云城区红营村·红营茶 242
云城区牧羊村·云石 244
云安区山仔头村·卡蒂姆咖啡豆 246
罗定市山河村·罗定肉桂 248
郁南县便民村·无核黄皮 250
郁南县庞寨村·黑叶荔枝 252
郁南县思磊村·东坝蚕茧 254

后记 256

九 广东特色产业村

GUANGDONG TESE CHANYECUN

广东特色产业村

广州市花都区

文冈村·槟榔香芋

文冈村，位于炭步镇西南部，村旁有一山丘因像一支毛笔被称为"文峰"，故得村名"文岗"，后改为"文冈"。该村始建于宋代，历史上，文冈村以香芋和香葱最为出名，种植香芋已有500多年历史。文冈香芋远近闻名，为广东农产品中的名优产品之一。

文冈村土层深且肥沃，土壤中磷、钾含量较高，出产的香芋个头大、淀粉含量高，口感细腻。

文冈槟榔香芋（花都区地方志办供图）

文冈村香芋丰收（花都区地方志办供图）

生长中的文冈香芋（花都区地方志办供图）

文冈香芋呈榄核形，因芋肉内有槟榔花纹，故又名槟榔香芋，用来做菜香气四溢，乃炭步芋头之精品。文冈芋头放进水里，可浮出水面，这是文冈芋头与其他芋头不同之处。相传明代正德皇帝品尝后，对文冈香芋赞不绝口。如今，省内及港澳诸多大酒楼厨师制作"香芋扣肉"时，都指名要用"文冈香芋"。

1943年，有村民运输芋头时，发现槟榔香芋与其他地方出产的芋头混在一起。村民就把芋头倒在水里，结果只有槟榔香芋浮在水面，槟榔香芋因此名气大增。20世纪80年代后期，炭步芋头种植面积已有67万多平方米，文冈香芋已经远销香港、澳门地区以及新加坡、新西兰、加拿大等国家。2004年，"文冈槟榔香芋"商标成功注册。入水能浮的文冈香芋深受人们喜爱和欢迎，成为花都特色农产品，也是令当地农民发家致富的一大特色产品，在历年的广州市名优农产品博览会上得到广泛好评，还走上国宴餐桌。2009年10月14日，炭步镇槟榔香芋种植基地建成，带动了大量的农村劳动力（尤其是妇女劳动力）就业。

2014年，经国家农业部批准，炭步槟榔香芋被确认为国家农产品地理标志产品；并被国务院机关事务管理局指定为国宴用品。

重量可达6千克的文冈香芋（花都区地方志办供图）

（供稿和复核：花都区地方志办）

广州市从化区

黄茅村·甜竹笋

黄茅村，位于鳌头镇西南部，面积16.33平方千米。地处从化西部山区，常年气候温和，光照充足，雨量充沛，山地资源丰富，土壤肥沃，生态环境优良。这里以盛产品质优良的甜竹笋而远近闻名。

甜竹笋（又称甜笋），富含多种人体所需的微量元素以及维生素、纤维素等，具有较高的营养价值。当地甜笋一般于清明前后种植，至七八月份即可收获，生长期短，种植甜笋投资少、效益高。

黄茅村素有种植甜笋的传统，但因销售、种植技术等问题，一直未能形成规模化种植和产业化经营。2008年5月，由从化市供销社牵头成立广州市从化黄茅甜笋专业合作社（简称合作社），带动周边多个行政村的农户共同种植黄茅甜笋，实现有组织、有规模、有品牌和有效益的生产、经营，自此走上规范化和规模化发展道路。合作社成立后，定期举办各类服务培训班，邀请农艺师和种植专家为社员讲授种植、管理、加工等技术，为农民进行测土配方施肥，做到因地制宜，科学种植；为减轻社员负担，降低种植成本，先后多次发放种苗、化肥；积

山坡上长满竹子的黄茅村一角（许志国摄）

极组织社员跑市场找销路，参加各种农产品博览会、"农超对接"和"农校对接"洽谈会，与多家超市和高校签订供求协议书。合作社成立当年，帮助社员及周边笋农销售甜笋16.5万千克，为当地甜笋种植业发展作出了巨大贡献。

2009年，合作社投入近百万元，扩建占地面积2500多平方米的规范厂房，添置一批生产加工设备，以保证产品质量符合无公害农产品的标准和要求。通过粗加工，产品从早期的单一化发展到现有笋丝、笋干、酸笋、即食麻辣笋丝（笋片）等多个品种。

2012年，黄茅甜笋成功注册"黄茅人"牌商标，产品获"珠三角农产品博览会优秀食品"荣誉。2013年获食品生产QS认证许可。2014年获得无公害农产品产地认证。2014年，产品销售近150万千克。黄茅甜笋已成为鳌头镇乃至从化区的一张亮丽名片。

合作社的经营模式得到各级党委和政府的充分肯定，2010年被评为从化市农民专业

黄茅甜竹笋（从化区地方志办供图）

销售甜竹笋（从化区地方志办供图）

"黄茅人"牌甜竹笋（从化区地方志办供图）

合作社示范社；2011年被评为广州市农民专业合作社示范社；2012年被评为广东省农民专业合作社示范社；2013年被中华全国供销合作总社评为全国农民专业合作社示范社。至2017年，合作社已辐射带动周边4个行政村1000多户农户，甜笋种植面积400多万平方米，其中合作社种植基地67万平方米。

2012年11月，黄茅村（黄茅甜竹笋）被国家农业部评为第二批"全国一村一品示范村"。

（供稿和复核：从化区地方志办）

广州市从化区

黄场村·鸡心黄皮

黄场村，位于城郊街道北部，有山地、园林面积267万多平方米。因黄氏族人迁至该地居住时全村只有黄姓，故取名为黄场。黄皮果是该村"一村一品"的拳头产品，产品远销至东莞、惠州、佛山、深圳、香港等地。

黄皮，原产中国南方，有着1500多年种植历史。黄皮分为甜黄皮和酸黄皮两类，甜黄皮以鸡心黄皮最为著名。黄场村是鸡心黄皮种植的集中地。1995年，该村从广州市农业科学院引进鸡心黄皮果树苗，经过多年的种植发展，规模不断扩大，产销基本稳定，深受大众欢迎。

鸡心黄皮，果实呈金黄色，油光发亮，形状呈鸡心形，果形均匀，肉厚、皮薄、核小，

鸡心黄皮

黄场村鸡心黄皮种植基地（城郊街道办供图）

村民屋前的黄皮林（城郊街道办供图）

肉质白嫩，酸甜可口。黄皮是消食保健水果之一，在民间素有"果中之宝"之称。黄皮果除鲜食外，可盐渍、糖渍，可以加工成果冻、果酱、蜜饯、果饼及清凉饮料等。黄皮富含有机酸、维生素、蛋白质、碳水化合物等，具有药用价值，其根、叶、果实都可入药。

整理黄皮的村民

从化鸡心黄皮，主产于城郊街道的黄场、白岗、左村、红旗等一带。自1995年开始发展至今，当地黄皮种植面积达200万平方米，其中黄场村的种植面积达53万平方米，年产量约35万千克，并且从过往的单一种植，发展到现有黄皮种植销售、黄皮深加工、黄皮观光旅游等。每逢黄皮收获季节，都会吸引珠三角的游客上门采摘、品尝，外地客商非常喜欢购买鸡心黄皮。素有"黄皮之村"美誉的城郊街道黄场村，几乎家家户户都种植鸡心黄皮。黄皮作为黄场村的特色农业，既带动了农民增收致富，也促进了当地乡村旅游。

2003年，该村被评为"从化一村一品示范村"。

（供稿和复核：从化区地方志办）

广州市增城区

丹邱村·丝苗米

丹邱村,位于朱村街道北部,是朱村"大岗小休"观光农业生态旅游区的重要组成部分。该村除历史人文和生态资源丰富外,还是增城丝苗米的主要生产基地。"增城丝苗米"是增城特色农产品之一,以原产地丹邱村出产的品质为佳。2004年9月20日,国家质检总局批准对增城丝苗米实施原产地域产品保护。这是广东第三个通过国家质检总局原产地域保护专家审查的项目,也是广州唯一受原产地域保护的产品项目。

2005年广东省质量技术监督局发布的《增城丝苗米》地方标准规定:感观指标是色泽晶莹洁白,具有本地域增城丝苗固有的自然清香味。理化指标是米粒型宽长比≥2∶8,长度5.4—6.6 mm,千粒重≤12.59 g,胶稠度≥50.0 mm,直链淀粉17.0%—25.0%,垩白粒率≤10.0%,垩白度≤3.0。丝苗米从此走上标准化生产道路。

丹邱村优质水稻原种种植扩繁基地一角(增城区地方志办供图)

丝苗米水稻（增城区地方志办供图）

丝苗米属优质籼稻品种，稻谷细长，米泛丝光，故称丝苗。丝苗米素有"米中碧玉""中国米王"之誉，与增城挂绿荔枝齐名，早在清朝末期就驰名海内外。据当地民间传说，明嘉靖年间，白水山栖云寺和尚云游四方，带回各地稻种在白水山上与野生稻杂交，培育出"谷壳金黄色，米粒细长，晶莹洁白，米泛丝光"的丝苗米。后经当地农民引种、扩种，声名远播。近年来，丹邱村

丹邱村一角（增城区地方志办供图）

丝苗米（增城区地方志办供图）

调整农业产业结构，打造万亩现代农业生产基地，在全国140多个城市400多家超市建立丝苗米系列产品销售网络。

1992年10月4日《羊城晚报》载，朱村泰稷牌丝苗米在香港参加国际食品博览会评比，经来自世界60多个国家和地区的3000多个厂家比对，以其独特优势征服评委，获国际食品博览会金奖。这是中国大米在国际评比中首次获得金奖。2018年，增城丝苗米经国家工商总局商标局核准，注册为国家地理标志证明商标。

（供稿和复核：增城区地方志办）

广州市增城区

基岗村·仙进奉荔枝

基岗村，位于仙村镇中部，又称基裘岗。相传开村先祖是显贵人家，常穿长裘，下田时脱下长裘置于垄间，得名基裘岗，后简称基岗。该村出产的仙进奉荔枝声名远播，被誉为仙进奉之乡。

仙进奉荔枝，又称胭脂红。相传清康熙年间，基岗村的一个村民在荔枝成熟季节，邀请在邻县任职的表哥品尝胭脂红荔枝，表哥从未见过这种色泽鲜红、香甜可口的荔枝，为取悦上司，表哥采摘了一筐胭脂红荔枝，昼夜兼程运至京城，献给康熙皇帝的宠臣曹寅。曹寅尝后大悦，问起这种荔枝的名称，表哥灵机一动，结合东晋葛洪曾在仙村炼丹的故事和仙村得名传说，回答道：此乃增城基岗仙进奉荔枝也。曹寅觉得这荔枝味道不逊于挂绿荔枝，遂把仙进奉荔枝如同挂绿荔枝一样纳入皇家贡籍，命当地年年向朝廷进奉。

基岗村仙进奉荔枝种植面积达167万平方米，成为农民增收、农村发展的支柱产业。2011年8月，该村注册成立基岗村仙进奉荔枝专业合作社。通过发展会员，传播科学种植技术，开

基岗仙进奉荔枝文化节（增城区地方志办供图）

仙进奉荔枝品牌包装（增城区地方志办供图）

拓荔枝销售渠道，依托专业合作社，成立仙基农业公司，走"合作社+公司+农户+电商"的产业发展模式。如今，合作社有会员120人，带动该村及周边1000多户农户种植仙进奉荔枝，帮助一大批农民脱贫致富。在基岗村的带动下，仙村镇仙进奉荔枝种植面积近万亩。2017年，全镇仙进奉荔枝销售总收入约3600万元。

仙进奉荔枝是荔枝中的珍品，其果鲜红，清甜而不腻，汁多，有蜜香味。2011

仙进奉荔枝展示（增城区地方志办供图）

年，经广东省农作物品种审定委员会批准，仙进奉荔枝被确认为国家地理标志产品，获无公害农产品认证；2015年，获国家绿色食品认证。

在实施乡村振兴战略的过程中，仙村镇以仙进奉荔枝产地为依托，整合仙进奉、三月红等品牌资源，着力建设荔枝文化博览园，打造"荔枝小镇"，推动荔枝产业化，促进农民增收。

枝头上的仙进奉荔枝（增城区地方志办供图）

（供稿和复核：增城区地方志办）

广州市增城区

西境村·迟菜心

西境村，位于小楼镇北部。元至元十八年（1281年），周氏从东莞常平迁入此地建村，曾用名周涾村，别名西头村。西境村盛产迟菜心、黑皮冬瓜等作物，是远近闻名的"菜心村""冬瓜村"。

增城迟菜心和增城小楼冬瓜均为"增城十宝"之一，是增城著名的农产品。2010年11月，经国家质检总局批准，增城迟菜心被确认为国家地理标志产品。增城迟菜心生长期为90—120天，至深冬上市，比一般菜心要迟，所以称为迟菜心。俗话说："冬至到，菜心甜。"迟菜心素有"菜心之王"的美誉。因为菜茎可以长到1米左右，好像小树一般，迟菜心又叫高脚菜心，其皮脆肉软，茎肥叶厚，吃起来菜质鲜嫩，香脆甜爽，风味独特，不仅深受一般消费者的喜爱，也是很多高档酒店经常采购的蔬菜之一。2004年起，每年冬至前后，小楼镇都

西境村村貌（许志国摄）

"小楼人家"景区之一的西境老街(增城区地方志办供图)

会举办"菜心节",并延续至今。

2004年,增城市政府成立增城市冬瓜菜心协会,指导小楼镇种植优质迟菜心和黑皮冬瓜,带动全镇3000多户农户种植迟菜心、800多户种植黑皮冬瓜、700多户种植马铃薯,产品销往珠三角地区,实现农业增产、农民增收。西境村以"支部+基地+协会+农民"的模式,大力发展现代都市农业,连同周边连片213万平方米农田实现标准化、规模化、专业化种植,迟菜心、黑皮冬瓜、马铃薯三大品种三茬轮作。近年来,借乡村旅游热潮和社会主义新农村建设契机,西境村大力推进美丽乡村建设,打造后龙山森林公园、百年老街等特色景点,将现代都市农业与生态旅游有机结合,把农产品超市开在家门口,产业再次实现转型升级。目前,西境村黑皮冬瓜年亩产7500千克左右,迟菜心和马铃薯年亩产均为3000千克左右,并辐射带动周边农户增收6500多万元。2017年,村集体收入约138万元,农业总收入约70万元,农民人均收入约1.2万元。

2015年,西境村凭借增城迟菜心的种植被评为第三批"全国一村一品示范村"。

为增城迟菜心浇水(增城区地方志办供图)

(供稿和复核:增城区地方志办)

广东特色产业村

深圳市龙岗区

禾沙坑村·三联水晶玉石

禾沙坑村,隶属于吉华街道,古时村里有两条土埂,形似农家用的农具禾锸,村民便以此取名禾沙坑。因属三联社区,别名三联水晶玉石文化村。

水晶玉石加工是禾沙坑村特色技艺,形成于20世纪90年代。1993年,吴正麟、许武城两位台湾水晶玉石商人带着100多名学徒来到禾沙村,建起了水晶玉石加工作坊。

深圳市、龙岗区、吉华街道三级政府都对三联水晶玉石文化村的发展给予了大力支持。2005年,在深圳市委、市政府提出把文化产业发展为第四大支柱产业的大环境下,龙岗区邀请专家对三联的产业发展前景进行研讨论证,确定把"三联"打造成以发展水晶文化产业为主导、推动相关产业协调发展的文化产业基地。2006年,三联水晶玉石街景观改造工程竣工并投入使用。三联水晶玉石文化村在各级政府的大力支持下,被列入龙岗区"十一五"规划重点发展对象,并连续几年作为"文博会"重要分会场,被确定为"深圳市文化产业基地""深圳市文化+旅游型示范基地"和"龙岗区文化产业创意园区"。

"三联水晶玉石文化村"石碑(周文杰摄)

4000千克玉石原料做成的村内景观（郭奔娜摄）

目前，禾沙坑村已拥有500多家生产加工厂（80%为玉石加工，20%为水晶及宝石加工），480多家销售门店，从业人员近3万。从最初的翡翠雕刻，发展形成集原料供应、产品设计、成品加工、运输销售"一条龙"的生产经营链。

从村中廉租房的"地下"加工坊，到行业错杂的工业楼加工车间；从单纯的聚集工匠为海外市场雕玉，到以建设文化强区为己任，打造水晶玉石产业链；从综合型的旧工业园，到建成新的珠宝产业园区，三联水晶玉石文化村借力文博会实现"三级跳"，其文化产品完成了"从量变到质变"的提升。"世界玉雕看中国，中国玉雕看深圳，深圳玉雕看三联"，三联水晶玉石文化村，已经成为蜚声中外的深圳玉都。

第十四届文博会玉石雕刻大赛制作现场（黄展鸿摄）

玉石作品

（供稿：张雯；复核：谭智仁）

广东特色产业村

深圳市龙岗区

大芬村·油画

  大芬村，位于布吉街道东南部，始建于清代。构成大芬村特色的油画产业形成于1990年。1989年，香港画商黄江到大芬村，租用民房进行油画收集和转销，慢慢地，村内画廊发展到1000多家，聚集画家、画师1万多人，形成了油画生产、收购和集中外销"一条龙"体系，这便是大芬油画村的雏形。随着越来越多的画师或画家在大芬村安营扎寨，除黄江之外，又出现两家经营规模较大、专门收购和外销油画的画商，并且每个画商的周围都聚集了一批专门为其供货的画工。"大芬油画村"的油画经营规模逐年扩大，知名度也逐年提高，形成今天的大芬油画村。

  大芬油画村以原创油画及复制艺术品加工为主，附带有国画、书法、工艺、雕刻及画框、颜料等配套产业经营，形成了以大芬村为中心，辐射闽、粤、湘、赣及港澳地区的油画产业圈。大芬油画以销往欧美及非洲为主，市场遍及全球。现已形成黄江油画广场、茂业书画广

大芬油画村标识牌（龙岗区史志办供图）

大芬画韵（龙岗区史志办供图）

场、集艺源油画城和大芬卢浮宫四个相对集中的展销中心。

油画产业的发展为村民及外来人员提供了大量的就业机会。在以大芬村为中心从事油画创作的数千名画工中，许多是当地及来自福建、江西、湖北等周边省份的村民、下岗工人和待业青年，其中还有部分是残疾人士。大芬油画市场的形成，为他们提供了大量学习绘画和参与油画生产的机会。他们也可以通过油画创作实现人生理想，体现人生价值。

2004年9月16日，全国人大常委会原副委员长布赫为大芬油画村题字"中国油画第一村"。2004年11月，大芬村被文化部评为

大芬村油画街掠影

国家文化产业示范基地。2005年4月，大芬村被广东省版权局评为广东省版权兴业示范基地。2006年2月，大芬村被中国美术家协会、文化部文化产业司评为文化（美术）产业示范基地。

近几年来，大芬村围绕油画产业化做文章，致力于规模化发展。2016年，大芬油画村年产值41亿元，其中内销和外销的销售额各占50%。至2017年，大芬村已有画店1100多家，聚集了原创画家200多人，其中省级及以上美术家协会会员超过100人。2018年，首届深圳大芬国际油画展在深圳红立方公共艺术馆举行。

"2018·首届深圳大芬国际油画双年展"开幕式（钟致棠摄）

（供稿：张雯；复核：谭智仁）

广东特色产业村

深圳市龙华区

大水田社区·观澜版画

大水田社区，隶属于观澜街道。在中国新兴木刻运动中成长起来的近代著名版画家、教育家陈烟桥就出生在这里。1934年，陈烟桥与鲁迅通信，并在鲁迅的指导下创作，其作品《菜女工》《天灾》《投宿》等还参加了巴黎的"革命的中国之新艺术展览会"。陈烟桥在版画艺术追求上强调纪实平和，形成画风质朴、内涵丰富、独特精彩的画语风格。他的版画成就让他当之无愧地成为新木刻的领军人物。

当今，因循陈烟桥的版画基因，追溯他的成长足迹，

观澜版画（龙华区史志办供图）

大水田社区一角（陈章博摄）

在他的故乡大水田，中国·观澜版画原创产业基地于2006年启动建设，2008年5月正式开放，核心区面积为31.6万平方米。版画基地由具有300年历史的客家古村落改造而成。版画基地截至目前已有98个国家和地区的1000余位版画家入驻创作，累计印制9万余幅版画作品，共接待游人1000多万人次。

从2006年至2009年，这个有着300年历史的古老村落已经变身为"中国版画第一村""世界版画艺术的梦工厂"。2007年5月，中国观澜版画原创产业基地首次亮相第三届中国（深圳）国际文化产业博览交易会（简称文博会）。在此次文博会上举办的首届观澜原创版画交易会售出版画作品7000件，成交额近500万元。国内8省美术家协会、8所美术院校、6家画商以及材料设备商等与观澜版画基地签署了合作意向书，中国美术家协会和国家文化部文化产业司正式命名观澜版画基地为第三批国家"文化（美术）产业示范基地"。2018年第十二届中国（观澜）版画原创交易会约有全国60家画廊、艺术机构、工作室等合作单位到场参展。

第九届中国（观澜）原创版画交易会开幕式（陈宏彬摄）

观澜版画基地坚持"政府主导、规划先行、专家指导"，在创建之初就得到了政府的大力支持，在资金、政策、人才引进等方面都具有较大的优势，为区内的艺术家工作室、版画工坊等提供了专注创作的自由环境。驻留艺术家的创作受租金、产品供需等市场的影响较小，确保了艺术创作不受市场利益驱动，最大限度地尊重艺术发展的自然规律，坚守文化与艺术理想的"初心"。同时，版画基地非常重视引入专家论证指导，以高起点、高标准、重内涵、国际化的规划标准建设，得到了中国美术家协会、深圳市文联等机构的大力支持。基地在规划上定位明确、坚持原则，避免了许多园区在发展过程中因文化艺术基础薄弱而无法支撑、后续发展滑入低端商业模式的问题。

（供稿和复核：龙华区史志办）

观澜版画基地（龙华区宣传部供图）

深圳市龙华区

石凹社区·服装

石凹社区，位于大浪街道北部，曾用名石坳。早年，经大船坑村到石坳村须走山间小路，翻过新围后山的一个山坳，坳有大石，故称石坳。石坳建村之处周围是山，中间凹处有块台地，地势稍高，形状似"金元宝"。先辈们为图个好兆头，祈盼四水归池、子孙后代兴旺发达，遂将"坳"改为"凹"，形象达意，石凹之名由此而来。

大浪时尚小镇位于石凹社区，规划面积7.76平方千米，核心区面积3.02平方千米。核心区筹建于2003年10月，为深圳市九大产业集聚基地之一。2012年龙华新区成立，服装基地更名为时尚创意城，从传统服装生产基地转型为引领时尚潮流的研发、设计、展示、交易和时尚文化传播中心，被纳入龙华区"十三五"规划和"国家自主创新示范区"。时尚创意城继被评为"深圳市外贸转型升级示范基地"后，2014年1月6日，以"深圳龙华新区大浪女装基地"为名被国家商务部评为"国家外贸转型升级专业型示范基地"，国家质检总局批准其创建"全国时尚服饰产业知名品牌示范区"，国家工业和信息化部同意开展"时尚产业集群区域品牌建设试点"，并被纳入"国家自主创新示范区"。

2017年1月龙华区成立，正式提出建设大浪时尚小镇并将其作为龙华区六大重点产业片

大浪服装基地鸟瞰（龙华区史志办供图）

"大浪杯"中国女装设计大赛（龙华区文化旅游体育局供图）

区之一。同年8月，获评"广东省特色小镇创建示范点"，为深圳市唯一入选单位。当初的荒芜之地，如今变成集合时尚与美感的现代产业园区，孕育了产值达百亿的时尚产业，成为区域经济的龙头项目和新增长点。

大浪时尚创意城基地拥有389家企业，年产值达271亿元，80%以上的市场主体都属于服装产业。女装品牌在大城市一类商场的市场占有率高达60%以上，形成了"中国女装看深圳""深圳女装看大浪"的行业格局。

2011年，大浪时尚创意城联合各方力量策划了"大浪杯"中国女装设计大赛。2018年是"大浪杯"走过的第八个年头。创立之初，"大浪杯"中国女装设计大赛就已把"东方文化"定位为大赛的主线，创立了国内首个以东方创意文化为灵感的服装设计大赛。八年来，大赛主题从"蜕变·东方""集约·东方""焕然@东方""追梦@东方""新生态@东方""智慧@东方""齐物@东方"到"潮系@东方"，全力挖掘东方时尚的深厚文化底蕴，浓缩展现当下最新时尚能量，诠释东方美学与艺术、哲学与自然的传承和魅力。"大浪杯"已成长为国内具有影响力的服装设计大赛之一，吸引了来自美国、德国、法国、意大利等多个国家和中国内地及香港、台湾地区的设计师踊跃参赛。当下，"大浪杯"聚合海内外人才，搭载前沿科技，链接服装时尚，紧跟国际潮流，同时着力塑造自己东方创意的核心文化，打造中国服装的风向标。

石凹社区石碑（龙华区史志办供图）

（供稿和复核：龙华区史志办）

珠海市斗门区

昭信村·海鲈鱼

昭信村，位于白蕉镇城区以南，西靠白藤湖畔。该村的水产养殖历史悠久，以养殖海鲈闻名，是地理标志产品"白蕉海鲈"的重要产地，产量占全国海鲈产量的70%以上。

20世纪80年代末，昭信村开始养殖海鲈鱼。当时村里仅有3个鱼塘，面积加起来只有1.3万平方米。如今昭信村民的生计大都与海鲈挂钩，村中海鲈养殖面积273万多平方米，约占整个斗门海鲈养殖面积的五分之一，饲料容量3万多吨，已形成较大的产业规模。2017年，该村主导产业收入33800万元。目前昭信村正全力发展特色生态健康渔业，打造农业现代化示范区中的示范村。

1990年起，海鲈养殖从昭信村逐渐扩展到白蕉镇全境。白蕉镇有丰富的咸淡水资源和充足的地下水资源，既无工业废水污染，又有坚固的海堤防护。良好的生态环境既保证了白蕉海鲈生长的用水需要，又符合无公害水产品的水质要求。海鲈鱼产品绝大部分销往青岛、上海、

海鲈养殖基地（刘细学摄）

海鲈养殖场(斗门区地方志办供图)

北京、韩国、日本和欧美等国内外市场,包括白蕉海鲈鲜活产品和深加工冻品等,成为珠海市农业一项引人瞩目的龙头产品。

2009年,"白蕉海鲈"被确认为国家地理标志产品,是珠海市第一个"国家地理标志产品"。此后,白蕉海鲈的知名度、美誉度大幅度提升,海鲈发展迎来三年鼎盛时

海鲈丰收(李至摄)

海鲈分拣(斗门区地方志办供图)

期,各大媒体争相报道昭信养鱼致富的故事。2011年,白蕉镇被评为"中国海鲈之乡"。农业部公布第一批中国特色农产品优势区名单,斗门区获得"白蕉海鲈中国特色农产品优势区"称号,成为广东省唯一获此殊荣的地域。2017年,"白蕉海鲈"还获得"中国百强农产品区域公用品牌"称号。2018年,昭信村被评为"全国一村一品示范村"。

(供稿:斗门区地方志办;复核:珠海市地方志办)

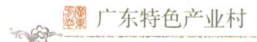

珠海市斗门区

石龙村·石龙苗木

石龙村，位于斗门区北部莲洲镇，紧邻江珠高速公路出入口，地处五指山下的珠海水源保护核心区。全村总面积3.7平方千米，耕地197万平方米。

石龙村土地肥沃，地势平坦，交通方便，适合花卉苗木种植。自2000年发展苗木种植以来，种植面积达到120万平方米，超过全村耕地面积的60%。花卉苗木已成为石龙村"一村一品"特色农业项目，产品远销全国各地且供不应求。村集体经济迅速发展，村民增收，并带动周边农村形成了近万亩的花卉苗木种植基地，使石龙村成为斗门花卉苗木产业的中心。石龙村苗木主要包括秋枫、黄槐、紫荆、大腹木棉、鸡冠刺桐、杜英、盆架子、黄瑾、小叶榄仁等市政绿化常用品种。

2014年8月，为提升石龙苗木种植产业，提高种植综合效益，壮大集体经济，增加农民收入，全国先进基层党组织——石龙村党支部和石龙村村委会"两委"干部带头，与部分乡贤共同发起并成立石龙连心园林花卉专业合作社（简称合作社）。

石龙村村貌（卢焕堂摄）

石龙村道（李楷锋摄）

合作社在村内租用3.3万平方米土地作为连心特色苗木种植基地，平整土地，拓宽道路，安装灌溉和喷淋系统，并从村民手中采购苗木，用袋苗的方式移植进基地进行培植。种植基地改变了过去石龙只能供应"原苗"，不能供应"商品苗"的状况，提高苗木价值，帮助村民增产增收。基地目前已囤各类苗木3300棵。

2015年8月，石龙村村内建成合作社展销服务厅，引进爱淘苗和卖货郎两家电商平台，增加了苗木销售渠道。2016年8月，合

苗木装车现场（斗门区地方志办供图）

作社与珠海市南田农业进出口有限公司进行合作，拓宽零售批发订单供货渠道。2018年新增苗木基地5.3万多平方米。

合作社计划在石龙连心苗木储存培植基地的基础上，再建设特色苗木种植展示园，使之既是一个特色品种的展示园区，又是一个旅游景点和科普教育基地。合作社通过打造石龙优势苗木产业品牌，使其成为知名苗木品牌，从而为建成石龙花卉苗木交易市场创造条件。

石龙村苗木种植基地（斗门区地方志办供图）

（供稿：斗门区地方志办；复核：珠海市地方志办）

汕头市濠江区

达埠村·达濠鱼丸

达埠村，位于达濠街道西北部、濠江北岸，古称"踏头埔"，清初始称达濠，后改为达埠。

鱼丸制作技艺在潮汕地区有数百年历史，各区县均有流传。达濠鱼丸主要分布于广东省汕头市濠江区，以达埠村最为集中。该村制作的鱼丸蜚声海内外，其色泽雪白、爽口、味美。

鱼糜制品（陈扬摄）

第二届达濠鱼丸美食节盛况（濠江区地方志办供图）

拍打起胶（陈扬摄）

达濠鱼丸制作过程大致为：选鱼（采用濠江本港的优质海鱼，如蛇鲻鱼、鳗鱼、马鲛鱼、淡甲鱼等肉质丰厚坚柔的海鱼）、起肉、剁碎（将鱼肉揉压成糜糊，并挑去细骨刺）、拍打起胶（将鱼糜放入木桶，加入盐水，用手掌快速拍打，让鱼肉的胶质慢慢渗出。这是制作鱼丸最关键的环节，如拍打不够，胶质不吐，鱼丸制成后就会松散而没有弹性；如拍打过度，则鱼肉变老，鱼丸就会失去脆嫩的口感）、挤压（鱼丸形状大小、美观与否，考验制作者的技艺水平，非现代机械所能代替）、煮制等步骤精制而成。经这几道工序制作出来的鱼丸，雪白浑圆、富有弹性、口感爽脆、味道鲜美，为潮汕人餐桌上的美味和馈赠亲友的佳品。

目前濠江区有达濠鱼丸鱼糜制品生产、加工企业40多家，销售和经营户200多家，此外还有很多在外地经营"达濠鱼丸"的连锁店、加盟店，产品包括鱼丸、虾丸、墨斗丸，全区达濠鱼丸系列产品年产量3000多吨，产值超5亿元，产品销往国内多个省市及港澳地区，并出口东南亚、欧美等地区，成为独具特色的潮汕美食名片。

2018年，经国家质检总局批准，达濠鱼丸被确认为国家地理标志产品；濠江区"鱼丸制作技艺"被列为广东省第七批省级非物质文化遗产代表性项目。

煮制鱼丸（杨毓添摄）

达濠鱼丸制作现场（翁志雄摄）

（供稿：濠江区地方志办；复核：汕头市地方志办）

汕头市潮阳区

内峯村·乌酥杨梅

内峯村，位于西胪镇西南部，始建于明嘉靖三十一年（1552年），先是畲族先民在此定居，因畲与峯音同，且村址处于小北山中部内围山中，故名内峯。内峯"乌酥杨梅"以粒大、肉厚、味甜而驰名海内外。

内峯村地处小北山麓，相传开村时，已有野生杨梅。经当地果农长期选育，培育出乌酥、大粒酥、山乌、芒种酥、土种早、青蒂酥等良种。乌酥杨梅属迟熟种，高产、优质，果圆粒大，每千克60多粒，果实呈深紫红色，核小而脆甜、肉厚质嫩、汁多味甜。可食部分占90%以上，可溶性固形物13%左右，每100克果肉含糖12—15克、有机酸0.5—1.8克，还含有铁、维生素C、鞣酸等，适宜鲜食。

乌酥杨梅（内峯村供图）

内峯村村貌（内峯村供图）

游客采摘杨梅（内峰村供图）

西胪镇地势自西北向东南倾斜，平均海拔140米。乌酥杨梅种植位置在潮阳小北山麓的中心地带，在海拔80—160米之间。由小北山麓中的海田山及乌岩山组成椭圆形盆地，虽地属海洋性季风气候区，但形成了相对独特的山区气候。产地背风向阳，气候温和湿润，雨量充沛，光照充足，春季昼夜温差适度，有利于杨梅营养成分的转化积累。同时，小北山麓生产区域植被厚，有机质含量高，土壤中所含的铁、硼、锰、铜、锌、钼等微量元素多，土壤团粒结构好，自然肥力强，可耕作层深。山地土壤大多呈微酸性，pH值为4.5—6.5，是生产高品质乌酥杨梅的天然区域。

西胪乌酥杨梅1986年获得"广东省名优水果"称号；2004年被农业部认定为无公害农产品；2011年经国家质检总局批准，被确认为国家地理标志产品。西胪镇通过严格实施标准化种植和管理，提高了西胪乌酥杨梅这一品种的市场价值，使果农获得丰厚的回报，西胪乌酥杨梅产业快速发展。

2018年，西胪镇种植乌酥杨梅573万平方米，总产量近4000吨。其中，内峰村种植面积213万平方米，年产量1500吨，产值约7000万元，占农户年收入80%左右。

（供稿：潮阳区地方志办；复核：汕头市地方志办）

乌酥杨梅林（内峰村供图）

汕头市潮阳区

官坑村·三捻橄榄

官坑村，位于金灶镇西南部的小北山麓（小北山主峰海拔447.3米），是汕头市农业生产特色产品三捻橄榄规模化示范村。该村有着相对独特的山地气候，山区及半山区背风向阳，气候温和湿润，雨量充沛，光照充足，冬季昼夜温差适度，是种植三捻橄榄的最佳区域之一，也是广东省无公害产品生产基地。

橄榄的功效与作用很多，果肉含有蛋白质、脂肪、碳水化合物、多种维生素和钙、磷、铁等微量元素。冬春季节，每日嚼食两三枚鲜橄榄，可预防上呼吸道感染，故民间有"冬春橄榄赛人参"之说。橄榄除供人鲜食外，还可加工制成各种蜜饯果品，如拷扁橄榄、和顺甜榄、香草橄榄等，颇受消费者的欢迎。

三捻橄榄原产于金灶镇，在汕头市有150多年的栽培历史。金灶镇独特的气候、土壤、环

官坑村村貌（潮阳区地方志办供图）

橄榄挂果（潮阳区地方志办供图）

境条件孕育了独特的三捻橄榄。三捻橄榄是橄榄中的一个名优特珍稀品种，其果实成熟时呈椭圆形，以蒂端似三棱①而得名。果皮呈金黄色、光滑，肉质爽脆而不粘核，味道甘香而无涩味，嚼后满口生香，堪称橄榄之极品。

官坑村树龄最大的三捻橄榄树位于"庵场"，高11米，宽13米，因地理位置独特，土壤、水质俱佳，年产量160千克，橄榄入口酸涩，回味甘甜，是三捻橄榄珍稀之品，

三捻橄榄（金灶镇政府供图）

曾在广东省鲜食橄榄质鉴会上获评总分第一名。

2008年，经国家质检总局批准，三捻橄榄被确认为国家地理标志产品。三捻橄榄规模化生产发展于官坑村和芦塘村范围内，两村山地面积826万平方米。其中，三捻橄榄种植面积37万平方米，2017年总产量3.25吨。官坑村和芦塘村是金灶镇的主产村和重要集散地。近年来，官坑村十分重视生态特色农业的发展，三捻橄榄传统特色水果发展取得较好成绩，正朝规模化、品牌化、优质化的方向发展。

三捻橄榄吉祥物雕塑（潮阳区地方志办供图）

（供稿：潮阳区地方志办；复核：汕头市地方志办）

---

① 潮语中"三捻"与"三棱"是同一含义。在俗语中，"三捻"比"三棱"能更形象通俗地说明该果品，因而民间习惯称为"三捻橄榄"。

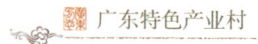

汕头市潮南区

大寮村·嵌瓷

　　大寮村，位于成田镇东北部，地处练江下游南岸。该村始建于明永乐年间，许善庆率家人从溪头村搬到此地定居建村。大寮村曾用名大坛乡，因古时龟头海海边建有码头，称为"大坛"，为当时潮阳对外的一个重要港口，附近的胪岗、峡山等地的人们前往上海、香港及泰国均经此港口，"大坛乡"由此得名。当时大坛乡的内泊、搬运、行船等行业非常繁荣，大坛乡人民的生活也较为富足。

　　嵌瓷出现在明万历年间，盛行于清代。色彩斑斓、活灵活现的嵌瓷是以绘画和雕塑等造型艺术为基础，运用剪取的瓷片镶嵌来表现形象的工艺品和建筑装饰艺术。其艺术风格较为写实，色彩鲜艳、形象生动。

　　大寮嵌瓷是以潮汕风格为主兼带闽南特色的民间建筑装饰工艺，是建筑工艺重要的组成部分。作品取材于人们喜闻乐见的题材和有教育意义的民间故事，采用浮雕和圆雕的工艺技法，

制作嵌瓷现场

嵌瓷作品（潮南区地方志办供图）

造型手法以写实为主，注重装饰效果。瓷片色彩基于三原色，较多地采用强烈对比色，以精细局部和重叠连续整体构成气势宏大或纤巧秀丽的艺术特征，给人以强烈的视觉冲击。大寮嵌瓷以其独特的造型美，广泛应用于祠堂、庙宇、民居等建筑物的装饰。

"大寮嵌瓷"先后被列入汕头市、广东省和国家级非物质文化遗产名录。大寮嵌瓷制作能手许石泉以嵌瓷技艺作为谋生职业，足迹遍布潮汕各地，在实践中认真总结经验，形成一套独特的嵌瓷创作方法，并将此方法传给许梅州、许汉根、许少鹏等子孙。他们精湛的嵌瓷技艺深受众多国内外人士的赞誉，先后赴香港和泰国、新加坡等地献

嵌瓷工艺（潮南区宣传部供图）

艺。现在村里开设嵌瓷讲座培训班，把技艺传给村里的年轻人，使嵌瓷技艺后继有人。

大寮嵌瓷工艺社位于村办公楼旁边，于2010年建成，投资450万元，占地面积500平方米，共二层。目前工艺社拥有各类工艺师10多名，其中许少鹏、许少雄二人为省级传承人，许锡通、许锡豪二人为市级传承人，许锡群为区级传承人；管理人员8人，学员50多人，主要开展嵌瓷工艺社作品的收集、整理、研究、保护、传承、宣传推介、创新等工作。嵌瓷工艺社2012年被确定为"广东省非物质文化遗产保护传承基地""汕头市非物质文化遗产保护传承基地"，2013年被确定为"广东省非物质文化遗产生产性示范基地"。

大寮嵌瓷工艺社（大寮村供图）

（供稿：潮南区地方志办；复核：汕头市地方志办）

广东特色产业村

汕头市南澳县

山顶村·宅鱿

山顶村,位于后宅镇东部,别名山仔顶村,是后宅镇最大的渔业自然村,这里出产的新鲜鱿鱼以体大、肉厚、质嫩著称。南澳鱿乡渔民掇捕、加工、晒制工艺独特,贮藏保味技术别出心裁,鱿鱼干品以后宅镇为主产地,故称宅鱿。

晒鱿现场(王丽摄)

南澳渔民捕捞鱿鱼以夜海钓捕和灯光诱捕相结合,这样的作业方式在当地称为"掇鱿"。南澳渔民掇鱿始于何时已无法考证,明代陈天资引《正字通》言:"柔鱼,似乌无骨,生海中,里人重之。"表明潮汕沿海渔民在明代或明代以前已从事捕柔(鱿)鱼业。改革开放后,南澳县渔民不断改进捕捞加工技术,开发外海鱿鱼渔场,宅鱿干品年产量达5000

山顶村村貌(吴文华摄)

晒鱿（杜联耀摄）

吨。在继承传统制作技艺的基础上，后宅镇渔民创新生产的"玻璃鱿""美味鱿""快餐鱿鱼汤料"等产品，加工考究，食用方便，品种多样，深受欢迎。2012年，国家工商总局商标局批准通过汕头市南澳县海水产品协会集体商标"宅鱿"申请。

　　清晨，满载而归的渔民趁着鱿鱼鲜活，用特制的鱿刀剖开鱿体，切开头部，斜剜鱿眼，除去内脏，取掉墨囊，洗净后将鱿鱼摊晒于网帘上，此后每隔一两个小时翻面轮晒。鱿鱼晒成干脯后，经交叉叠压、密封贮藏，便制成驰名的宅鱿。通常每年5—9月是南澳"掇鱿"的黄金季节。由于市场需求量不断增加，如今渔民"掇鱿"和晒鱿鱼几乎贯穿全年，只要阳光充沛，海岛上的人家就进行晒鱿作业。

　　近年，山顶村渔民在继承传统制作技艺的基础上，不断扩大生产规模。目前晒干后的宅鱿批发价约210元每千克，大概3千克鲜鱿鱼能晒出1千克宅鱿，山顶村宅鱿年产值约2600万元。

（供稿：黄培佳、蔡木添；复核：汕头市地方志办）

捕鱿（吴文华摄）

汕头市南澳县

后花园村·宋茶

后花园村，位于深澳镇西部、南澳岛主峰果老山北侧，地处山坳，周围草绿林茂，鸟语花香，四季如春。村西有后花园大坑，村南有果老山水库、后花园水库。

宋茶，又名九节茶。相传，南宋景炎元年（1276年），宋帝败退南澳，至后花园村时，少帝赵昺及其弟赵昰跋涉口渴，令侍从采摘野生树叶煮水解渴，饮用后顿感甘香可口，倍加赞赏，誉之为"宋茶"。同行的杨太后见此处景色优雅、花木繁茂，称其"哀家之后花园"。这些野生树叶，虽没有像茶叶一样经过加工、发酵、制作，但用开水冲泡后，清香四溢，风味独特。开始几次冲泡，茶色及味道较淡，但随着冲泡的次数增加，茶色越来越浓，味道越来越好，经过几十次冲泡，茶色茶味不变。

后花园村宋茶于2002年获得广东省无公害茶叶认证，2004年获得国家无公害茶叶认证，2008年通过中绿华夏有机茶叶认证。之后，后花园村注册了"后花园"宋茶商标，成立茶叶

后花园村村貌（陈凯煌摄）

宋茶雕塑（卓得顺摄）

协会、茶叶公司和茶叶专业合作社，统一收购各家各户的茶叶，统一加工，统一管理，保证茶叶质量。目前，有86户村民加入合作社，合作社种植茶叶面积53万多平方米，其中有机茶叶面积20万平方米，年产成品茶1.5万余千克，产值近500万元。茶叶加工厂房面积600多平方米，配套滚筒杀青机、摇青机、揉捻机、烘干厨、茶叶色选机，仓库面积180平方米。

宋茶茶园（南澳县史志办供图）

后花园村正在大力发展"宋茶"培苗、种植、加工，并把"宋茶"品种进行分类优化，科学嫁接，生产出"宋茶单丛"品牌系列的十几个无公害的香型茶种，如玉兰香、芝兰香、翠玉香、蜜兰香等，产品投向市场后受到社会各界的青睐，供不应求。与此同时，后花园村致力开发以"品尝宋帝御茶"为主题的生态旅游项目，让世人都能品尝到"皇帝茶"的风味。

后花园村茶园一景（郑木泉摄）

（供稿：黄培佳、蔡木添；复核：汕头市地方志办）

广东特色产业村

佛山市南海区

六坊村·玉器制作

六坊村,位于桂城街道中部偏东。该村玉器加工业起步较早,中华人民共和国成立前,已有村民到广州学习玉器加工。1972年,陈广、陈锐南、陈作荣三兄弟在村墩头开办平洲第一家玉器加工厂,以加工光身玉器为主。改革开放后,不少墩头玉器厂的技术工人办起玉器加工家庭作坊,全国各地的玉器商贩纷纷到平东采购玉器成品,平东的玉器加工和销售产业迅速发展,于20世纪80年代形成玉器交易市场。1995年,平洲将长约1千米的平东大道建设为集加工、销售于一体的平洲玉器街,带动了玉器产业集聚发展。平洲玉器街现已位列全国四大玉器市场之首,每年采购加工缅甸翡翠玉石约5500吨。2015年末,玉器街有商铺1100家、玉石毛料交易场7家、玉器厂商130多家,散落于村内的家庭式作

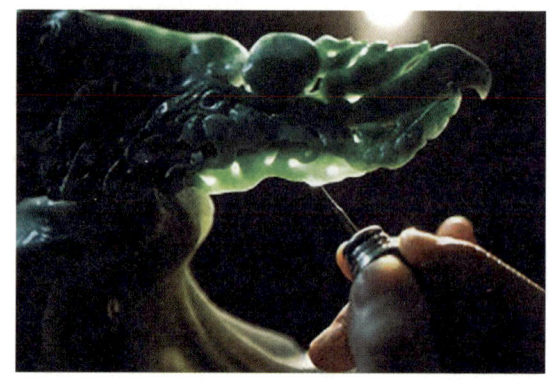

玉器街玉雕师傅雕刻玉器

六坊村村貌(南海区地方志办供图)

平洲玉器街翠宝园（平东社区供图）

坊600多间，从业人员达1.5万人。平洲玉器街于2009年6月获国家"特色产业基地"授牌。

近年来，南海区着力改善玉器街环境，建设有翠宝园、璞玉园、玉器老街、玉器大楼、翡翠精品展厅、赌石文化体验中心、琢玉展示区等主题游览区域。其中，核心游览区之一的翠宝园位于六坊村，该园于2009年动工兴建，2012年试营业，总占地面积3万多平方米，建筑面积约45000平方米，拥有近千间商铺，经营的玉石种类涵盖翡翠、

玉廉文化教育基地的舞龙活动（平东社区供图）

白玉、玛瑙、水晶等。2014年9月平洲玉器街正式挂牌国家4A级旅游景区。村内还有翡翠大楼、源丰大楼、沙园商业楼、沙园宝兴楼、沙园市场等。

玉廉文化广场于2003年建成，占地面积约15600平方米，环境优美，文体设施完善，是村民休闲娱乐的主要场所。2015年，玉廉文化广场被打造为南海玉廉文化教育基地。村中还有占地面积约300平方米的青少年活动中心等文体设施。

平洲玉器街鸟瞰（平东社区供图）

（供稿：南海区地方志办；复核：佛山市地方志办）

佛山市南海区

上西村·淡水鱼苗

上西村，位于九江镇中部，面积4.64平方千米，有1000多口鱼塘，养殖面积超200万平方米，为九江镇养殖池塘数量最多、面积最大的村居。现共有鱼苗场15个，从业人员超200人，多数为该村居民；主要品种有四大家鱼（鲩鱼、鳙鱼、鲢鱼、鲮鱼）、鳜鱼、乌鳢、黄颡鱼、刺鳅、长吻鮠等，年产鱼花（刚孵出的鱼苗）约80亿尾，2017年鱼苗产值约2500万元。

早在明代初期，九江人便开始在西江河段装捞鱼花。据上西村《关树德堂家谱》记载，明清时期官府曾指定关氏后裔长期专营西江鱼埠。村民对鱼苗养殖技艺的传承贡献颇多。90余岁的村民关宜渠，为第一代传统鱼花养殖技艺非遗传承人；第二代传统鱼花养殖技艺非遗传承人关振如，师从关宜渠，18岁开始在西江边装鱼花，至今仍从事鱼苗孵化；关发平，关振如之子，为第三代传统鱼花养殖技艺传承人，子承父业，致力于鱼苗孵化事业，2015年成功孵化珠江流域珍稀品种。一代又一代的西江鱼花人，在不断探索中总结出具有鲜明地域特色的鱼花培育技术，让九江鱼花在全国赢得了很高的知名度。

传统鱼花养殖技术可分为鱼花装捞、筛选分类、鱼苗培育、买卖运输四个步骤，细分为预测、分辨、设埠、装捞、撇花、开鱼花、清塘、兑水放养、挑运等环节。其中"撇花"是

上西村村貌（南海区地方志办供图）

生猛鱼苗（梁平摄）

九江鱼花师傅的绝活，能将杂鱼和大头鱼（鳙鱼）、鲢鱼（鳊鱼）、鲩鱼、鲮鱼分层撇出，使九江鱼花具有种类纯、成活率高的特点，优胜于其他地方的鱼花。经"撇花"之后的鱼花进塘培育过程，称为开鱼花。

明清时期，九江的鱼苗运输分为水路和陆路，水路用船，陆路人力肩挑。陆上挑运鱼花鱼苗时，需用特质担挑，上下抖动双肩，使箩上下颤动，激起箩里的水生成像波浪水花一样的微澜，又不致溢出，给鱼苗增氧，确保鱼苗在运输过程中的成活率。水路用船运输鱼苗，运输过程中由专人用手持下部钉有平面小十字交叉木板的木棍不断击水，使水波动，增加水的溶氧量，击水需两人轮流，日夜不间歇。交易时，先将鱼花用麻织网池集于一起，然后"开则"（即买卖双方经多次抽样估算定则），再按鱼种的大小，用不同的器具和方法点算。鱼花用特制的蚌壳为量器；鱼粒、鱼苗则用木质的白漆"鱼碟"点算，多以"五"为单位累积计算。点算时，鱼花师傅高声唱数，让在场的人都能听见。

非遗传承人关振如（梁平摄）

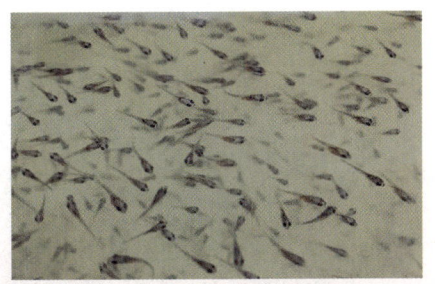

人工孵化的鱼花（梁平摄）

多年来，九江镇政府积极扶持奖励鱼苗场升级改造，提升硬件设施水平，提高种苗的质量和产量；多次邀请水产养殖专家开展相关专题的培训讲座，指导农户科学养殖水产；通过多种形式活动的宣传推广，提高"中国淡水鱼苗之乡"的区域品牌知名度。

（供稿：南海区地方志办；复核：佛山市地方志办）

广东特色产业村

佛山市顺德区

旧圩社区·陈村粉

陈村镇是顺德区的"北大门",著名的鱼米之乡、花卉之地。旧圩社区位于陈村镇中心文化商业区,是史上有名的"谷埠",古称"龙津"。

"青石悠悠磨百载,但求软滑合君喉",顺德区非物质文化遗产"陈村粉"至今已有近百年历史。在陈村,传统和新派陈村粉带给人不同的味蕾享受。

陈村粉(杨芳摄)

陈村粉,原名河粉,由陈村人黄但于1927年研制。黄但因制粉精良而著称于当地,又因"但"与"旦"音形相近,陈村人都习惯称黄但为"粉旦"。由于其所蒸出的河粉与其他地区同类的米制河粉实有不同之处,当地人称之为"黄但粉",外地人则以"陈村粉"名之。

陈村粉制作从选米、洗米、刷米、浸米、磨米到调浆,均有讲究。洗米时,要把米放在盆里用力搓十多分钟,然后浸泡。洗米、刷米、浸米的时间,握力度、时间、温度等,要视天气

旧圩社区一角

陈村粉制作用具——青石磨（杨芳摄）

寒暑而定。磨米须掌握一定速度，才能使浆粉幼滑，否则浆粉过粗，影响质量。调浆这一程序，最为重要，稀稠度要准确，过稀过稠都影响最终成品。制作工序复杂而严谨的陈村粉，透着天然纯正米香，薄而透明，清爽香滑。制作它的每一步骤，均要求采用纯天然原料和传统工艺，都只为"寄赖糕香合客喉，但求粉滑宜君口"。

陈村粉具有三大特点：

第一是香，米香浓郁。

第二是薄，厚度只有 0.5—0.7 毫米，普

陈村粉花宴烹饪大赛创意新菜

通的粉厚度都在 1 毫米以上。

第三是韧，柔软且有韧性、通透洁净、爽滑可口。这种韧性是靠工艺而不是靠添加剂实现的。

近几年，陈村镇已经不满足于把陈村粉仅仅看作当地的一种名吃，更希望借"陈村粉"的知名度，推动其形成品牌，带动当地旅游业的发展。为此，陈村镇政府举办了美食节、陈村粉花宴烹饪大赛、陈村粉烹饪大赛、陈村花卉美食节等一系列活动，走出了一条陈村特色的"花""粉"相融的发展道路，带动了当地的经济发展。

陈村粉制作现场（杨芳摄）

（供稿：顺德区地方志办；复核：佛山市地方志办）

广东特色产业村

佛山市顺德区

沙滘社区·家具商贸

沙滘社区，隶属于乐从镇。相传因南宋绍兴年间有罗姓人迁入而形成，原名沙溪，至明代有岑氏兄弟改"溪"为"滘"而得名沙滘。社区历史文化积淀深厚，有英雄河、沙滘大涌等环绕，环境优美。

沙滘社区是佛山乃至全国闻名的家具商贸之乡。早在明代，沙滘的桑基鱼塘已得到成片开发，清末至民国时期纺织业兴盛，丝厂遍布，成为广东乃至全国知名的丝织品产销集散地，曾有纱、绸和刺绣等丝织品蜚声海内外。中华人民共和国成立后，沙滘还有由永大丝厂发展而成的大型国营丝织企业——前进丝织厂，生产化纤、混纺和丝绒等织物，年产布匹520万米，产值1.5亿元。在改革开放的浪潮中，沙滘人继承商贸立业的传统，从无到有，生产家具销售从路边摊到全球家具商贸之都，其生产的产品畅销世界100多个国家和地区，走出了独具特色的家具商贸之路。

早期家具市场（杨耀桐摄）

鸟瞰沙滘社区（顺德区地方志办供图）

罗浮宫国际家具博览中心（冯海棉摄）

20世纪90年代中期，低端的吊脚楼家具商铺模式已经不能满足长远发展需求。1993年，沙滘人岑松江联合顺联集团投资数亿元，在沙滘原国道G325线旁边建起现代化的国际家私城，吸引众多商家进驻。1996年，吴长显在沙滘投资建设东恒国际家私城。同期，黎经华在沙滘投资建设南华国际家具城，冯炳恒投资建设大新国际家具城，陈钜锵投资建设钜隆国际家私城，沙滘人吴铭棠投资建设金名国际家具城。2000年初，陈锐成投资建设顺联北区家具城。同年，沙滘建成世界单体建筑面积最大的家具展览馆——乐从国际家具博览中心（今罗浮宫国际家具博览中心）。2001年，沙滘开始举办国际家具博览会。2004年，乐从被中国轻工业联合会授予"中国家具商贸之都"的称号，沙滘社区家具卖场面积占其中的二分之一。

家具市场（冯海棉摄）

家具博览中心内景（顺德区地方志办供图）

今天的沙滘社区是世界性家具集散与商贸中心之一，有"家具商贸之乡"的美誉。社区东面沿原国道G325线的家具商铺林立，有罗浮宫国际家具博览中心、顺德皇朝家私、顺联家具城、团亿家具城，以及东恒、南华、大新、钜隆、金名、东航、联富、银富、奥迪华和健登等闻名中外的专业家具卖场，商铺面积达100多万平方米，年销售额数十亿元，其中，广东罗浮宫家居集团、顺德皇朝家私集团等是在全国乃至世界都极具影响力的家具企业。

（供稿：顺德区地方志办；复核：佛山市地方志办）

广东特色产业村

佛山市顺德区

旺岗村·家具制造

旺岗村，位于龙江镇中部，东面连接三联路，西临龙山，南面与东海村接壤，北靠名山金紫峰。据记载，旺岗建村于宋末，村民多由中原经南雄迁入，并将村命名为"长宁"，表达经历战火蹂躏的南迁人渴望生活安宁的良好愿望。后村民聚居于岗贝之下，且寄意兴旺发达，"旺岗"之称由此而来。

该村特色产业为家具制造。龙江镇被评为"中国家具制造重镇""中国家具材料之都""中国家具电子商务之都"，有家具制

龙江镇获评"中国家具制造重镇"（旺岗村供图）

旺岗村村貌（李海廉摄）

美梦思床具有限公司（旺岗村供图）

企业2000多家，其中相当一部分家具制造企业集中在旺岗村。村内有工业用地80万平方米，现有企业390家，以家具制造为主，集中在三联工业区。其产品种类丰富，囊括软体家具、实木家具、酒店家具、办公家具、五金家具等主要家具产品，产品销往全国各地乃至出口到世界各地，备受消费者欢迎。村中美梦思床具、尚怡家具、奇新家具是龙江镇家具行业龙头企业。2017年，全村实现工商业总产值约17.08亿元，农业产值约3761万元，集体经济收入890万元，村集体股份分红每股1000元。

旺岗村是"广东省卫生村""佛山市生态示范村"，并先后被顺德区确认为创建"顺德好村居"示范单位和"三旧"改造试点单位，辖区内的三联工业园区正逐渐成为家具制造业的示范基地。目前，为旺岗村的振兴，该村努力打造"家具制造名村"品牌。2014年起，龙江镇开展规范管理，实施家具行业整治提升五年行动。作为试点，通过环保、安全、消防全方位整治，该村家具产业得到规范管理。通过多年的品牌培育，三联工业区内涌现出太平洋家具、志豪家具、伟佰利、嘉洋家具等一批国内外知名企业。今后还将打造中国最具影响力的家具制造总部示范区，成为集产品研发、制造、销售于一体的家具总部基地。目前，已经出台《顺德龙江家具制造总部示范区创意规划方案》。

尚怡家具（旺岗村供图）

（供稿：顺德区地方志办；复核：佛山市地方志办）

佛山市顺德区

稔海村·鳗鱼

稔海村，位于勒流街道北部。明景泰三年（1452年），由林姓和何姓先民逐渐聚居而形成，以两姓谐音而取名稔海村。该村南面有稔海大涌，顺德水道流经村内。

20世纪80年代，鳗鱼养殖引入顺德。90年代中后期，依托土泥塘成功养殖鳗鱼让稔海村涌现出一大批鳗鱼养殖业的杰出人物，如今广东鳗鱼协会的多名成员均来自稔海村，素有"中国鳗鱼看广东，广东鳗鱼看顺德，顺德鳗鱼看勒流，勒流鳗鱼看稔海"之说。2016年10月31日，中央电视台纪录频道《鳗鱼的故事》摄制组在稔海村取景拍摄，深度挖掘鳗鱼产业发展历程。2018年5月，稔海村获得"中国鳗鱼之村"称号。

该村2017年鳗鱼养殖面积（含外延面积）超过1667万平方米，年产量2.3万吨，产值达29亿元，分别占顺德区和广东省鳗鱼养殖量的二分之一和三分之一强，养殖面积和产量在

稔海村村貌（袁伟亮摄）

鳗鱼养殖基地（稔海村供图）

全国村域范围内名列首位，鳗鱼产业成为全区农业经济的支柱产业。鳗鱼产业已涵盖了苗种培育、饲料生产、养殖和加工的完整产业链，从事鳗鱼养殖、加工的人员超过1500人，经济和社会效益明显。

稔海村通过举办"鳗鱼杯"龙舟竞赛等节庆宣传活动，引导企业参加各种展会，借助网络、电视和平面媒体等多种形式对产品进行推广，在全国业界形成较大的影响力。鳗鱼产品不仅销往国内大中型城市，而且还

鳗鱼喂养（稔海村供图）

远销日本、韩国、美国以及欧盟等30多个国家和地区，产品市场知名度不断提升。

勒流街道党委和政府高度重视鳗鱼产业发展，一方面从水质监测、苗种培育、养殖技术创新、质量安全、品牌保护等全过程入手，加强了鳗鱼行业管理，有效保障了产品质量和食品安全。另一方面，镇政府将特色小镇建设与鳗鱼产业推广结合，拟在稔海村打造一个鳗鱼产品展示、美食文化体验、休闲观光为一体的生态休闲示范园，发展水乡休闲"鳗生活"的文旅规划项目。

烤鳗制作（稔海村供图）

（供稿：顺德区地方志办；复核：佛山市地方志办）

佛山市高明区

田村·合水粉葛

　　田村，位于更合镇西南部，距离高明城区44千米。1972年，粉葛种植从江门新会迁至合水（在2005年行政区域调整前，人们一直习惯称田村为合水）一带。从气候条件看，合水全年降雨量约为1800毫米，年平均气温22℃，年日照量达2100小时，全年无霜期达360天以上，非常适合农作物生长。从土壤条件看，合水多数农田土壤以河流冲积而成的黄色沙壤土为主，疏松肥沃，特别适宜粉葛等根茎作物的生长。合水粉葛以纤维少、起粉率高、味甜而著称，是高明"四大材子"之一。合水粉葛堪称"全能选手"，可做美食、药材等。

　　田村是全国大型的粉葛产地和集散地，粉葛不但畅销全国，还出口海外。2001年，合水粉葛获国家绿色食品A级认证，2006年被确认为国家地理标志产品，2007年申请使用"合水粉葛"证明商标，2007年被评为"广东人民最喜爱的土特产"。

田村村貌（高明区地方志办供图）

合水粉葛包装商标（更合镇政府供图）

　　田村是高明大面积种植粉葛最早的村庄之一，佛山市高明区合水粉葛专业合作社的1000亩粉葛标准化示范基地就布局在此村，以此为中心带动全镇1万多亩粉葛应用标准化生产技术进行种植。2015年种植面积达到800万平方米，总产量2.28万吨，总产值约4.1亿元。其中种植示范区面积600万平方米，带动1600户农户种植。由粉葛深加工出来的产品，如葛根素、葛粉、葛糕、葛糖等亦兴旺起来。葛粉还被不少知名品牌用作化妆品材料，是天然的美容产品。

　　粉葛的种植，大概分为育芽、移苗、引蔓和管理几个过程，其中最复杂的是引蔓。引蔓上杆一般在夏季完成，需要多次反复，一旦引蔓上杆不成功，就会影响一年的收成。田村农民对种植技术不断进行改良，针对近年金牛虫害，葛农把竹条引蔓法改为棉线引蔓法。在标准化示范基地，工作人员通过实验，分析土壤和肥料的结合对粉葛生长的影响，经过广东省农业科学院、广州市农业科学研究院、佛山市高明区农业技术服务推广中心的力量来推广这个技术并对农民开展培训，向他们传输绿色种植理念，少用化肥，使用含毒量低的农药。

（供稿：高明区地方志办；复核：佛山市地方志办）

佛山市高明区

黄丽堂村·蔬菜

黄丽堂村，位于高明城区西南部丘陵地带，聚落沿山南麓呈东西走向，分布呈块状。村名来历有二说，一是村四面是黄土山岗，村前有口大塘，称黄泥塘，后雅化为今名；二是此地林木众多，各种鸟类喜在此栖息，其中以黄鹂最多，有诗云"丽水黄金莺配置，塘前白玉燕含来"，故曾名黄鹂村，后改今名。

1994年，部分原籍云浮、信宜等地的代耕农户在黄丽堂村对面建起丽堂新村，以种植蔬菜为主，经过艰苦创业实现了半机械化，后注册了"丽堂蔬菜"商标，成为远近闻名的种菜专业村。丽堂新村种植户于2008年4月成立了高明区杨和镇杨梅丽堂蔬菜专业合作社，成为高明区首个农民专业合作社，发挥了良好的辐射带动作用。2012年成员增加至50多人，全村种植蔬菜面积20多万平方米，日产量近10吨，当年年销售总额达到600万元，社员的户均收入超过15万元。

黄丽堂村村貌（高明区地方志办供图）

丽堂蔬菜喷灌（高明区地方志办供图）

收获蔬菜亲子体验（高明区地方志办供图）

丽堂新村的"农二代"，不少是80后大学生。在新生一代的潮流思想引领下，丽堂新村抓规范，提高组织凝聚力；抓销售，解决卖菜难问题；抓质量，打造品牌效应；抓创新，增强发展后劲。为解决发展中成员因短期资金周转不畅而影响生产的问题，合作社积极争取金融部门的支持，2011年成为高明区首个信用户和信用村创建工作试点单位。

丽堂蔬菜基地（高明区地方志办供图）

丽堂蔬菜观光基地家庭农村示范区（高明区地方志办供图）

2013年，丽堂观光基地作为皂幕山4A景区的景点之一，在登山节期间被广泛宣传。同年8月，丽堂蔬菜获得佛山市农业局"菜篮子"工程认证，成为全市首批16个市级"菜篮子"基地之一。2016年4月，佛山市高明区杨梅丽堂蔬菜专业合作社被佛山市农业局认定为2016年市级农民专业合作社示范社。

（供稿：高明区地方志办；复核：佛山市地方志办）

韶关市武江区

龙安村·龙安淮山

龙安村，位于龙归镇丘陵地带，主要以山地、丘陵为主，土地平坦肥沃。传统经济以农业为主，种植水稻、花生、淮山、瓜果等农作物，该村村民于2007年8月自发组织成立了龙安村淮山专业合作社，专业种植淮山。

龙安村大约在20世纪60年代开始种植淮山。龙安淮山生产专业合作社成立后，经过10余年的尝试和探索，由成立初期的20多万平方米坝地，逐渐扩大到现在的67万平方米，厂房面积200平方米，办公面积500多平方米，社员近200户。随着科学种植技术的推广，淮山单位面积产量大大提高。合作社积极开展对村民的种植技术培训，帮助村民施肥、搭架、剪枝，带动500多户农户种植淮山300多万平方米。2010年淮山亩产达到1.3吨，合作社淮山年生产总量约1500吨，创造经济收入约1000万元，利润100万元左右，社员人均创收8万元左右。

龙安淮山是多年生草本植物，相比其他产地的淮山，其外形圆滑且直、味清甜，粉质细腻

龙安村淮山基地（武江区农业局供图）

龙安淮山合作社成员（武江区农业局供图）

而不糊。淮山可日常食用，亦可供药用，具有补脾养胃，生津益肺，降低血糖等保健作用。

龙安淮山产品已进行无公害认证，合作社成功注册"龙淮"商标，并获得"广东省名牌产品"称号，产品深受消费者喜爱，已逐步走出韶关，走出广东，远销新加坡等地，成为国内外淮山行业的知名品牌。经过众多社员多年的努力，龙安淮山

收获淮山（刘建摄）

龙安淮山（武江区农业局供图）

专业合作社获得了"国家农业部农民专业合作社示范单位""广东省农民合作社省级示范社""广东省省级农业标准化示范区""全国科普惠农兴村先进单位""省级农民专业合作社先进单位""韶关市武江区青少年社会实践基地""农村创业青年培训示范基地"等一系列荣誉称号。

（供稿：董素梅；复核：欧阳征禄）

韶关市乐昌市

茶料村·黄金柰李

茶料村，隶属于九峰镇，因古时多茶树，盛产茶籽，故得名。全村面积20.40平方千米，其中林地面积15.53平方千米，果树种植面积4.0平方千米。该村四面环山，昼夜温差较大，四季分明，独特的地理环境和气候条件使茶料村适宜种植各种水果。目前种植的水果品种有柰李、鹰嘴桃、油桃、柑桔、西瓜、黄皮梨、黑布林等，其中黄金柰李最为出名。2012年，该村被农业农村部评为"全国一村一品示范村"。2018年，乐昌黄金柰李获得国家工商行政管理总局商标局颁发中国地理标志产品证书。

黄金柰李（乐昌市地方志办供图）

茶料村村貌（吴卫东摄）

即将成熟的柰李（乐昌市地方志办供图）

普通柰李经过套袋等特殊技术，历时两个多月成长为黄金柰李，成熟期是7月中旬，以果大、皮薄、肉厚、核小、甜香闻名。

九峰镇在20世纪80年代末至90年代初就已经开始试种柰李，但是普通的柰李味道酸涩，并不好卖。潘国平首先引入了套袋技术，将普通的柰李变成了甜度非常高的黄金柰李，从而扭转了九峰柰李的命运，给农民带来了巨大的经济收益。套袋技术能使柰李有效避开风雨侵蚀、鸟类侵袭、农药侵害，到了柰李成熟时，因为套袋技术能有效锁住柰李的水分和增加含糖量，果子呈现金黄色，果肉晶莹剔透，肉质鲜嫩、甜香可口。通常树龄8—10年的果树，通过套袋技术才能生长出品质优良的黄金柰李。

借助水果这一特色产业，该村大力推进"农特产品＋电商＋乡村旅游"发展路径，着力打造休闲农业旅游品牌，形成"春赏花，夏秋摘果，冬戏雪"的旅游格局。果农在淘宝网、微信开通网店，宣传和推介水果品牌，通过互联网将当地水果销售到各地，走出了一条农业和文化、旅游、电商结合的富民产业发展道路。

黄金柰李的套袋技术（乐昌市地方志办供图）

（供稿和复核：乐昌市地方志办）

韶关市乐昌市

上廊村·九峰山油桃

上廊村，位于九峰镇东北角，与湖南省接壤。总面积接近20平方千米，其中耕地面积约104万平方米，山林面积1800多万平方米，农业产业以水果种植为主。

九峰镇属亚热带季风气候区，受地形影响，具有明显的山地气候特征，夏、秋两季昼夜温差大，年平均气温18.6℃，森林覆盖率达63.8%。特殊的气候造就了九峰优美的自然生态，使其成为优质水果产区。上廊村是九峰镇主要水果产区之一，水果种植面积267万多平方米，主要品种有柑桔、油桃、鹰嘴桃、黄桃、芙蓉李、奈李、水晶梨等。2015年，上廊村因九峰山油桃被评为第三批"全国一村一品示范村"。

2005年，九峰镇成立了九峰镇绿峰果菜专业合作社，重点发展水果产业。如今合作社登记社员600户，注册资金110多万元，社员由流通大户和种植大户组成，以种植奈李、柑桔、水晶梨、蜜桃、辣椒、番茄、青瓜等水果、蔬菜为主。其中，水果种植面积800多万平方米，年产量约1.5万吨；蔬菜种植面积200多万平方米，年产量6000多吨。在合作社的辐射带动

上廊村村貌（九峰镇政府供图）

上廊村桃花（九峰镇政府供图）

下，九峰镇水果种植面积4334万多平方米，年产量10万吨，成为广东省水果专业镇，全镇80%的农户从事水果产业。合作社获得了"国家级示范社""全国优秀合作社""广东省农业产业化先进集体""广东省省级农民合作社示范社""广东省'农超对接'先进合作社"等多种荣誉。

九峰山油桃，具有果形圆整、个体大、色泽美观、皮薄肉厚、果肉致密、纤维少、香味浓、汁多味甜等特点。上廊村的九峰山油桃属原生态种植，不打蜡、不催熟、无残留，全部实现有机栽培，并实行质量安全追溯管理。2015年12月九峰镇绿峰果菜专业合作社基地产品获得国家绿色食品认证。2015年"九峰山"油桃获得"广东省名特优新农产品"称号。

如今，上廊村不仅继续加大水果种植力度，更在水果产业的基础上大力发展了电商产业和乡村旅游业。每年3月，上廊村约133万多平方米连片的桃花、李花、油菜花竞相开放，呈现出一幅春意盎然、鸟语花香的美丽画卷。

九峰山油桃（九峰镇政府供图）

上廊村桃林（余煜摄）

（供稿和复核：乐昌市地方志办）

韶关市仁化县

黄坑村·黄坑贡柑

黄坑村，隶属于黄坑镇，清代隶属韶州府曲江县平甫司，因境内土壤多为黄土，又有河流穿村而过，洪水期水色较黄而得名。黄坑村土壤肥沃，水源充足，灌溉便利，是贡柑的主产地之一。

黄坑贡柑果形靓丽、果色金黄、皮薄核少、肉脆化渣、清甜香蜜、高糖低酸、风味浓郁，它集中了橙类的清甜、形美和柑桔易剥皮的优点。

黄坑贡柑自引种以来，品种不断得到改良，逐渐适应了黄坑气候，形成黄坑特有的品种，2006年荣获"韶关市科技进步奖"。由于其良好的市场前景，以及黄坑镇党委、镇政府的大力支持，黄坑贡柑在农户中得到了大力推广，种植面积逐年扩大。经过不断培育，黄坑贡柑品质得到极大提升，成为远近驰名的优良果品。黄坑贡柑逐渐成为贡柑的代表，在人们的口口

黄坑贡柑种植园（梁伟摄）

贡柑装箱（刘贤琴摄）

相传中声名远扬。2012年，黄坑镇加强贡柑品牌宣传，强化品牌意识，将黄坑贡柑品牌注册为"黄坑贡"，并于同年12月8日举办首届黄坑镇"贡柑节"活动，通过网络、电视、报纸等宣传媒体对活动进行宣传，加强"黄坑贡"品牌的推广。

2008年，在当地政府的协助下，160户种植户联合成立仁化县黄坑镇柑桔农民专

黄坑贡柑（仁化县史志办供图）

业合作社，贡柑种植面积200多万平方米。2012年，黄坑镇有合作社3个，会员251户。2017年黄坑镇特色农产品贡柑种植面积约1300多万平方米，挂果量约2.5万吨，总产值近2亿元，给果农带来了丰厚的收入。目前，全镇共有22家合作社，黄坑柑桔合作社和黄坑冯屋贡柑合作社是仁化县龙头企业、示范合作社。

2016年黄坑贡柑电商旅游文化节（仁化县史志办供图）

（供稿：谢嘉文；复核：仁化县史志办）

韶关市仁化县

东坑村·仁化银毫

东坑村，位于红山镇南部，地形以山地丘陵为主，山高陡峻，主要山岭有山子背山，海拔800米，附近有高坪水库。东坑村传统经营以种植水稻、茶树，抚育毛竹为主。其中，全村茶叶种植面积2万多平方米，年产茶叶百余吨，是广东名茶"仁化银毫"原产地。

仁化银毫又称"红山白毛茶""丹霞银毫"，产于海拔千米高的山林雾海之中。红山白毛茶历史悠久，据中国茶叶研究所程启坤、庄雪岚两位研究员主编的《世界茶叶100年》

白毛茶芽尖（谢嘉文摄）

记载："唐朝、五代韶州（后改名为韶关）的曲江、仁化等县均已产茶"。唐代陆羽所著的《茶经》记载："岭南茶生韶州，其味极佳。韶州生黄茶，产于韶州各县。"据传，清嘉庆年

仁化白毛茶红山基地（龙全明摄）

间，当地白毛茶已是朝中贡品。在 1978 年广东省山区资源调查中，专家认为"红山白毛茶品质居粤北名茶之冠"。随着近年制茶工艺水平和制茶流程科技含量的进一步提高，仁化白毛茶的品质更优良、口感更独特。目前，仁化白毛茶除了畅销韶关地区，还远销广州、珠海、深圳、佛山等珠三角地区和香港、澳门地区，以及邻近的湖南省和江西省等地，成为人们馈赠亲友和社会交往的珍贵礼品，深受消费者的好评。

仁化白毛茶种植园（龙全明摄）

一芽两叶（谢嘉文摄）

东坑村茶农采摘茶叶（谢嘉文摄）

目前，红山镇茶园面积 860 多万平方米，其中东坑村茶园面积约 13 万平方米，年产量约 30 吨，是红山镇种植红山白毛茶的专业村。这里山高雾漫、气候湿润、蒸腾量小、空气中负离子成分高，使得茶叶枝嫩性强，而昼夜温差大及漫射的紫外线特别有利于芳香型茶叶的生长。东坑村的白毛茶讲究的是绿色、有机、无公害，茶叶的产量高、口感好，所以销售价格也比一般茶叶高。为了更好地发挥白毛茶的经济效益，东坑村自主成立茶叶合作社，有 50 余户茶农加入合作社。其中，成立于 2015 年的金醇红茶叶合作社，采取社员采摘的茶青由合作社统一收购，合作社加工、销售的经营模式，年产值约 300 万元。同时，红山镇政府采取"公司+基地+农户"的产业发展模式，确立品牌战略，全力打造以优质白毛茶种植、加工、销售、新产品研发和相关配套技术推广应用等为主要内容的综合服务平台，组建富农茶叶专业合作社，成功引进茶叶加工的龙头企业，对茶农实行保护价收购。

（供稿：谢嘉文；复核：仁化县史志办）

广东特色产业村

韶关市仁化县

长坝村·长坝沙田柚

长坝村，位于大桥镇西南部，始建于清朝末期，原为渡口码头集市点，因坝地渡口边有一个2千米长的集市而取名长坝村。长坝村土壤肥沃，水源充足，灌溉便利，是国家地理标志产品"长坝沙田柚"的主产地之一。长坝沙田柚是仁化县的特色水果，1998年获得"中华名果"称号。

长坝沙田柚品种为"世界四大名柚"（沙田柚、文旦柚、坪山柚、暹罗柚）之一，以果大形美、色泽鲜黄、肉质清甜化渣、蜜香味浓郁而驰名。沙田柚原产于广西容县，长坝村从1937年开始引种沙田柚，1963年规模化栽种。经过不断培育，长坝沙田柚品质得到极大提升，成为远近驰名的优良果品。长坝沙田柚逐渐成为沙田柚的标志性产品，在人们的口口相传中声名远扬。

晶莹剔透的沙田柚肉（龙全明摄）

长坝村村貌（龙全明摄）

沙田柚种植基地（赖庆智摄）

为了确保长坝沙田柚的品质特色，规范生产销售，更好地保护长坝沙田柚这一特色农产品，2008年，长坝沙田柚种植规模逐渐扩大，种植面积从7平方千米扩大到15平方千米，年产量达1.8万吨，年产值3.6亿元，有力地推动了当地特色经济发展。2015年，长坝引进金喆园沙田柚种植及休闲生态农业示范项目，占地面积约66.67万平方米，计划总投资2.1亿元。截至2016年底，种植沙田柚树13000多棵，桂花树40000多棵，长坝村内的大桥镇森林公园着手申报国家AAA级旅游景区。

长坝沙田柚的果形美观，为端正梨型。果实脐部有明显的金钱印，具有果皮较薄、表面光滑、肉质脆嫩、色泽金黄、香甜可口、香蜜味浓郁等特点。果实中含有人体所需的丰富营养物质，对预防老年人心脑血管硬化，降低胆固醇，平衡血压，软化血管等有一定的效果。

果农与长坝沙田柚（龙全明摄）

大桥镇金果农业生态园出产的金果长坝沙田柚通过中国有机食品认证，获得了"2006年广东省名牌产品"称号。长坝村沙田柚基地培育的"龙皇二号"柚果，在1998年中国名特优果品展示会上获得了"中华名果"称号。2008年，长坝沙田柚在广东省优质水果评比活动中获得优质奖。如今，长坝沙田柚已经成为国内知名果品，深受消费者的欢迎。

沙田柚树（龙全明摄）

（供稿：谢嘉文；复核：仁化县史志办）

韶关市始兴县

淋头村·蚕桑

淋头村，位于罗坝镇西北部。山林面积933.33万平方米，耕地面积92万平方米。淋头村于明嘉靖六年（1527年）建村，因刘姓从福建澄洲府上杭迁入此地而形成。刘姓搬家之日，全部家具被褥被雨水淋湿，家人全身湿透，长辈鼓励子孙"水淋头也得鼓劲干"，村舍建好后，取村名"淋头"。

五龄蚕（罗坝镇政府供图）

从20世纪80年代开始，罗坝镇党委、镇政府积极探索致富之路，确立了"山上抓果竹，山下种蚕桑"的总体发展思路。淋头村积极响应镇党委、镇政府的号召，大力发展蚕桑产业，并以蚕桑为主导，建立"公司＋基地＋组织＋农户"的蚕桑发展模式，形成产、供、销"一条龙"经营方式，在种植与技术、价格与销售等方面给农户一颗"定心丸"。经过多年的努力，已摸索出并成功建立了以"蚕—沼—

淋头村蚕桑种植基地（罗坝镇政府供图）

蚕桑文化展览馆一角（罗坝镇政府供图）

桑""猪—沼—桑"为主的生态农业模式，有效地促进了蚕桑产业的良性循环，实现经济、生态、社会三大效益同步增长，村民因此走上了一条脱贫致富之路，村集体经济也得到长足发展。

2017年，全村种植蚕桑面积0.56平方千米，生产蚕茧超过2500担，全村从事蚕桑产业的农民人均年纯收入达126000元，占村民

村民采集蚕茧（始兴县史志办供图）

全年总收入的80%以上，是典型的蚕桑专业村。2011年，为使蚕桑文化得到更广泛的宣传，淋头行政村建立蚕桑文化展览馆。截至2017年底，整个淋头行政村13个村小组的200户（850人）村民已在淋头新村建起小洋楼。

该村先后获得"广东省生态示范村""广东省文明村""广东省卫生村""广东省先进基层组织"等荣誉称号。

技术专家指导农户种植蚕桑（始兴县史志办供图）

（供稿：李干；复核：始兴县史志办）

韶关市翁源县

连溪村·连溪米面

连溪村，位于江尾镇西南部，距镇政府10多千米，是一个背靠着山、被油菜地环绕的小村落。该村坐落于丘陵地带，主要山岭有鸡麻斗山，村东部有江尾连溪河流经。连溪村的传统经济以水稻、蔬菜种植和米面加工为主。其中最具特色农产品是连溪米面。

连溪米面历史悠久，是翁源特产之一。千年古邑翁源，800年前已有手工生产米粉的记录。民间制作工艺不断演变、改良，保证了纯米粉不糊汤、不断条。连溪米面采取纯手工制作，采用粤北山区优质晚稻，一个师傅一天仅能生产20千克的米面，100%保留了大米的香味，晶洁透明，线条均匀，风味独特，烹调方便，远近闻名。

米面选用山泉水和当地精米制作而成，从磨浆、蒸面、晒面到切面、上扎、晒干、包装等皆以手工完成。每天天刚亮，连溪村家家户户开始有条不紊地把隔夜用清水浸涨的大米用石磨磨成米浆。然后取出面托，在托上盛上一勺米浆搅匀放进蒸笼里，烧开水蒸约两分钟后，米面皮蒸熟了，取出摆好在簸箕上，捧到村头晾晒。米面皮晒到近乎干透，再浸水泡软，之后一片一片叠起来切成米面条，在阳光下晒干，这种客家米面就制成了。米面是客家人居家必备的主

连溪村村貌（翁源县史志办供图）

连溪米面（蓝俊才摄）

食，加蔬菜丝、肉丝一起炒，简单美味的炒米面就出锅了。

过去，因交通不便，连溪该村制作米面的好手艺并未让村民摆脱贫困状态。2016年，韶关市纪委和粤北人民医院到该村开展精准扶贫工作，交通成了必须解决的第一件大事。如今，连溪大桥已经通车。连溪村在2017年被评为韶关市唯一的全国人居环境综合整治示范村、广东省社会主义新农村连片示范点、翁源县社会主义新农村示范村后，村容村貌发生了翻天覆地的变化，群众的幸福感明显提升。如今，连溪村不仅仅是米面之乡，也是新农村建设的成功示范。连溪村的名片，也不仅仅只有连溪米面，还有大片的荷花、美丽的田园风光和小桥流水、日落云霞。

包装好的连溪米面

（供稿和复核：翁源县史志办）

河源市和平县

水足村·茶乡

水足村，位于青州镇东北部，因当地缺水，村民期望有充足水源，故取名水足村。村落始建于清末，由赖良桓沿袭父辈足迹南下商游，到青草州（青州镇）落居、繁衍而形成。该村地处九连山腹地，主要山岭有桐树嶂山，海拔825米。

水足村因为山高缺水，不适合水稻等粮食作物生长，一直有种植茶叶的传统。在计划经济年代，种植茶叶作为生产队的副业，茶叶由国家统购统销，茶叶的产量、品质与村民无关，村民只是挣工分。改革开放初期，人们忙于种粮食填饱肚子，生产队的茶场一度荒废。进入21世纪以来，随着人们对物质生活的需求日益提高，水足村村民认识到当地资源优势，开始发展高山有机茶叶生产。一开始是村民自行开发，小规模生产。茶农不用农药、施有机肥，茶叶品质特好。2005年，台湾商人张国辉到当地考察，发现这里具有种植茶叶得天独厚的优势，于是承包了村中部分山地，成立金稳茶叶发展有限公司，开始大规模种植茶叶，大力发展有机茶。目前，水足村大部分山坡地都由金稳茶叶发展有限公司承包种植有机茶，村民自己的茶场，以"企业+农户"的形式，成为金稳公司的茶叶种植基地，由公司提供技术进行改造管理。当地政府将水足村利用本地资源种植茶叶的成功做法在全镇范围推广，大规模地发展有

水足村茶园（和平县地方志办供图）

水足村青松茶园（和平县地方志办供图）

机茶生产。

有道是，山高出好茶。和平青州镇地势较高，平均海拔超过475米，大部分山地在600米以上，常年云雾缭绕，气候湿润，山高林密，昼夜温差大，而且方圆几十千米无任何工业污染，空气清新，水质优良，是种茶的好地方，也是远近闻名的"广东十大茶乡"之一。

中共青州镇委、镇政府积极发动村民利用地形气候优势，发展茶叶种植，引导群众成立种植合作社，引进外资联合开发。目前，青州镇有青州九连香妃茶业有限公司、金稳茶叶发展有限公司，多村成立茶叶合作社，茶叶种植面积达667万平方米，年收2季（春季和秋季），年产量约5000千克，年产值约500万元，茶叶热销国内外。2015年6月，青州镇因茶叶发展历史悠久、种植规模大、品质优、效益好等综合因素，入选"广东十大茶乡"。

近年来，青州镇采取"政府引导+公司运作+村民参与"的模式，大力发展特色农业。以茶叶种植为例，该镇目前产有红茶、乌龙茶、铁观音、绿茶等多个品种，参与种植农户达223户，全镇种茶面积1533万余平方米，主要分布在水足、星联、星和、星兴、星塘、片田、先锋等行政村，正在积极打造"万亩茶园"，形成具有青州特色的主导产品和产业。下一步，青州镇政府将在加强基地各项基础设施建设的基础上，着重考虑寻找"企业+基地+农户"的最佳生产经营结合点，建设好青州镇产业加工厂，有效配置现有资源，在解决农户茶叶销售后顾之忧的同时，发展壮大全镇的"绿色经济"，打造河源"茶都"。

晒茶（和平县地方志办供图）

（供稿和复核：和平县地方志办）

河源市和平县

云峰村·和平猕猴桃

云峰村，位于下车镇西部，距离镇政府约8千米。该村地势以丘陵为主，拥有山地面积140平方千米，属亚热带常绿果树带，海拔高，气候温和，光照充足，四季分明，年平均气温18℃，年日照时数1700小时，年降雨量1693毫米，非常适合猕猴桃生长。

1996年，云峰村开始种植猕猴桃，创建"一乡一品"。截至2018年，猕猴桃种植面积1667万平方米，水果种植户250户，其中种植面积6660平方米以上的有32户，占全村总户数的80%，人均年收入可达1.2万元。其中，村中猕猴桃主要种植基地——高峰果场的猕猴桃种植面积已达800万平方米，年总产值1700万—1800万元。高峰果场将1333多万平方米山地无偿供给村民开发水果种植，免费向村民提供水果种植技术和市场信息服务，实行每株果苗补助1元等措施致力发展水果生产，户平均果树种植山地达到7334平方米。

和平县是国家重点生态功能区和省林业重点县之一。野生猕猴桃在和平县有上千年的历

采摘猕猴桃（和平县地方志办供图）

高峰果场的猕猴桃大丰收（和平县地方志办供图）

史。随着改革开放的深入和农业科学技术的推广，和平县拉开了野生猕猴桃选育和优化的序幕，相继出台了一系列扶持政策，以和平猕猴桃为主打的优质水果产业得到了迅速发展。目前，全县和平猕猴桃种植面积3334万多平方米，挂果面积2001万多平方米，年产鲜果2.39万吨，年产值约3.346亿元，是全国最南端的猕猴桃生产基地。和平猕猴桃以其肉质细嫩、汁多可口、酸甜适度、风味独特、香气浓郁和营养丰富等特质，备受广大消费者青睐，形成了和平猕猴桃的品牌效应。

2016年，广东省质监局科技处调研组到和平县调研和平猕猴桃地理标志保护产品的申报准备工作时发现，和平猕猴桃优质高产、特色鲜明，具备申请国家地理标志产品的条件。2018年5月4日，和平猕猴桃被确认为国家地理标志产品。

近年来，和平县投入大量财政资金支持猕猴桃生产发展，猕猴桃产供销产业链已形成。如今，和平县已建设国家和省级猕猴桃农业标准化示范区各1个，成为广东省猕猴桃生产基地、集散地、供应基地，猕猴桃种植面积占全省的90%以上，年产值约4.5亿元。随着投产面积增加，近5年内年总产量将以10%以上的增幅上升。现在，和平猕猴桃产业正向龙川、仁化、阳山、连南等县扩展。云峰村作为和平猕猴桃的名产地，正在尝试以猕猴桃产业带动旅游业，并取得了喜人的成效。

和平猕猴桃（和平县地方志办供图）

（供稿和复核：和平县地方志办）

河源市和平县

增坑畲族村·盘皇茶

增坑畲族村，位于东水镇西南部，四面环山，有海拔约700米的茶头岗山，增坑河绕村向东而流。600多年前，增坑蓝氏畲族先祖定居于此地，村民世代以种茶为生，培植出了质纯清香、味甘醇厚的增坑畲族"盘皇茶"。

增坑盘皇茶（原马增茶），是河源市珍稀小叶茶品种。茶叶生长在长年云雾缭绕的高山上，空气湿润，雨露充足，方圆数百里为绿色屏障，无污染源。盘皇茶在种植过程中不喷农药、不施化学肥料，采用人工除草、农家肥施种，制作过程不添加任何香料、色素等化学物质，是名副其实的天然绿色食品。

增坑村高山茶园（陈添发摄）

近年来，增坑畲族大力发展传统茶叶种植项目，并成功引进企业生产茶叶，"盘皇茶"已成为和平县一个重要茶叶品牌。目前，东水镇增坑村90%以上的村民都参与种植茶叶，年产量约2500千克，给当地村民带来约200万元的经济收入，使原来贫穷落后的增坑畲族村走出了一条脱贫致富的道路。

增坑畲族村村貌（陈帅摄）

河源市和平县·增坑畲族村·盘皇茶

旅游节目中的"饮茶"活动（陈添发摄）

为了促进茶叶的销售，增坑村在每年清明节前后，即春茶采摘的最佳时期举办畲族采茶节，邀请游客分享茶叶丰收的快乐。采茶节节目分为茶园采茶、民族服饰表演、竹竿舞表演、山歌对唱、茶山徒步、品尝美食等环节。热情好客的增坑畲族村民会以采茶节为媒介把畲族茶文化全面介绍给到访的宾客。近些年，在增坑村采茶节当天慕名而来的游客有上千人，有观光游客，也有前来洽谈业务的客商。采茶节不仅带动了茶叶的销售和畲族茶文化的传播，也让更多人走进增坑畲族，促进了当地观光产业的发展并刺激了周边消费，使村民的腰包越来越鼓。

（供稿和复核：和平县地方志办）

采茶（陈添发摄）

河源市紫金县

汉塘村·紫金春甜桔

汉塘村，隶属于蓝塘镇。2015年，全村560户村民90%以上都种植春甜桔。春甜桔是紫金县农科人员于1965年从农家品种"三月红桔"中选育而成。紫金春甜桔是广东省迟熟柑桔品种，具有高产、优质、早结、皮薄、汁多、低酸清甜、果肉脆嫩化渣、核少等优点。汉塘村是紫金县政府颁牌认可的"春甜桔之村"，也是种植春甜桔最早最多的村之一。全村种植春甜桔面积约13万平方米，年产值在800万元左右，仅此一项全村村民人均年增收1万多元。

春甜桔（蓝塘镇政府供图）

2000年，国家工商局批准蓝塘镇的"春甜桔"商标。2005年，紫金春甜桔被广东省列为全省推广种植的果树类主导品种；同年，蓝塘镇被河源市认定为紫金春甜桔专业镇。2006

汉塘村春甜桔种植基地（蓝塘镇政府供图）

刚采摘的春甜桔（蓝塘镇政府供图）

年，蓝塘镇龙塘三高农业公司春甜牌紫金春甜桔获得广东省"名牌产品"称号。2007年8月，紫金县蓝塘镇被省科技厅认定为春甜桔技术创新专业镇。2008年12月，紫金县农业局选送的紫金春甜桔在2008年广东省优质柑桔评比活动中荣获优质奖。2008—2010年，河源市获得中央财政现代农业发展专项资金共1.3亿元，专项用于扶持东源县、紫金县、连平县等建设以柠檬、板栗、春甜桔、鹰嘴蜜桃为发展品种的东江上游特色水果产业带项目，紫金春甜桔位列其中。目前，蓝塘镇春甜桔种植面积近1333万平方米，辐射带动周边的凤安、好义、九和等镇，形成了紫金春甜桔产业带。

紫金春甜桔是通过省级鉴定的优质稀有水果，为紫金县独有，有"岭南第一桔""桔中之王"等美誉，每年春节期间成熟，象征吉祥和美，乃贺春之佳品，深受人们欢迎。紫金县规划发展春甜桔种植面积为20平方千米，现有种植面积6.67平方千米，挂果面积3.33平方千米，产量达4500吨。2010年10月，在河源市首届农业金牌产品评选活动中，紫金县龙塘三高农业开发有限公司的"龙塘春甜桔"被评为农业"金牌产品"。2011年10月，在由南方报业传媒集团主办，南方农村报、广东营销学会、南方农产品贸易网共同承办的"岭南十大佳果"评选活动中，紫金县春甜桔入选"岭南十大佳果"。2015年11月26日，紫金春甜桔入选150个区域公用品牌，受到广东省名特优新农产品评选委员会表彰。

采摘春甜桔（蓝塘镇政府供图）

（供稿：紫金县地方志办；复核：黄定平）

河源市紫金县

市北村·蓝塘猪

蓝塘镇，位于紫金县西南部、镇政府驻地蓝塘圩。蓝塘原名兰塘，相传因东市场池塘边有一棵兰树而得名，后人将"兰"字读写成"蓝"字相沿至今。市北村是蓝塘镇的一个行政村，也是蓝塘猪的主要产地之一。

蓝塘猪原称芙蓉猪，又名蓝塘土猪、蓝塘铁猪，因中心产区在紫金县的蓝塘镇而得名。蓝塘猪是具有地方特色的优良品种，有史料记载，广东猪因其肉质优良，两千年前已被引入欧洲，18世纪被引至英国。达尔文曾说："中国的猪在改进欧洲品种中具有高度价值"（摘自《动物和植物在家养下的变异》）。蓝塘猪便是一种保存较好的"广东猪"品种。1978年，蓝塘猪被列入《国家级畜禽品种资源保护名录》，是国家级的畜禽优良种质资源之一，为"中国种猪"之一，被当地群众自豪地称为深藏广东的"国宝"。受地理环境及历史条件影响，蓝

市北村蓝塘猪保种场（市北村东瑞公司供图）

蓝塘猪（蓝塘镇政府供图）

塘猪长期处于闭锁选育及高度近交繁殖状态，从而形成耐近交的特性，遗传性相当稳定，其后代近交系数达43.8%，但没有出现畸形及生活力降低现象。当前用作母系，杂交效果明显，杂种优势显著。

在市北村，蓝塘猪养殖户大约有200多户。为进一步推动蓝塘猪养殖及蓝塘猪产业链发展，鼓励和引导养殖蓝塘猪，带动群众致富，市北村引进东瑞农牧发展有限公司，创造了一种新型、循环农业的生态型养猪模式——东瑞高床发酵型生态养猪模式，将养猪生产与养猪废弃物处理有机结合在一起，实现养猪废弃物的减量化、无害化和资源化利用。2012年，蓝塘猪获广东"最具魅力土特产"称号，2013年入选"广东十件宝"。2018年，东瑞公司年出栏生猪5万头，其中蓝塘猪年出栏3000头，年产值约8000万元，从业人员90人。

蓝塘猪肉（市北村东瑞公司供图）

蓝塘猪入选"广东十件宝"牌匾（紫金县地方志办供图）

（供稿：紫金县地方志办；复核：黄定平）

广东特色产业村

河源市连平县

中村·鹰嘴蜜桃

中村，位于上坪镇最北端，是解放战争时期的革命老区村，又是边远山区村。村民过去主要靠种水稻、花生、红薯、玉米和油茶树等维持生计，是远近闻名的贫困村。中村的土壤呈酸性，冬季气候温和且持续时间短，这种环境比较适宜蜜桃生长。2000年前后，上坪镇提出了"希望在山，致富在桃"的农村经济发展思路。村劳模谢朝发、共产党员谢文华等人率先成功引种鹰嘴蜜桃，并发动部分亲戚和群众大胆尝试大规模引种鹰嘴蜜桃。鹰嘴蜜桃以果

中村鹰嘴蜜桃（邱立人摄）

桃花掩映的中村（连平县地方志办供图）

中村鹰嘴蜜桃林（连平县地方志办供图）

大、清甜、爽脆、甜味足而闻名，受到消费者青睐。通过大量的市场调查，中村的蜜桃被证实是全省少有的优良品种，加之政府大力推广，蜜桃生产发展为连平县"一镇一品"的特色经济。从2002年开始，中村村民兴起了鹰嘴蜜桃的种植热潮，种植面积从原来的33万平方米，发展到现在的433万平方米，成为名副其实的蜜桃专业村。村民人均年收入由2003年的1000多元增加到2016年的5000多元，昔日的贫困村靠种蜜桃得到显著改善。

为有效提高鹰嘴蜜桃的产业化水平，政府指导农户统一育苗，为果农提供优质果苗，对部分果园中退化的品种，及时组织技术人员进行提纯复壮、优化品种，保证果苗质量。中村常年邀请仲恺农业工程学院、广东省农业科学院和华南农业大学等单位的专家授课，帮助村民掌握桃树的栽培、管理和病虫害防治技术。如今，中村等村庄出产的拳头产品"上坪鹰嘴蜜桃"被评为国家地理标志产品，并入选"岭南十大佳果"。

中村于2009年被评为全国先进科技示范村，2015年，被中共广东省委农村工作办公室和广东省住房和城乡建设厅评为广东名村，被国家旅游局评为中国乡村旅游模范村。如今的中村街道宽阔、干净卫生，小楼鳞次栉比，彻底摆脱了贫困，农民的生活越来越好。

鹰嘴蜜桃花盛开（连平县地方志办供图）

（供稿和复核：连平县地方志办）

梅州市梅江区

清凉山村·高山绿茶

清凉山村，位于梅江区东南部，面积75平方千米，村庄处于山谷间，四周崇山峻岭、林木茂盛、云雾缭绕。主要山脉有海拔790米的清凉山和海拔848米的乳菇山。村中小溪径流1000多米，附近有清凉山水库。村落形成于唐末，如今是梅江区特色产业村。2018年末，全村共有130多户，其中90%从事茶业生产。

清凉山村早在400年前已开始茶树的种植和茶叶的制作，产品销往多地。清光绪年间的《嘉应州志》载："州境山高石露，故产佳茗，而以清凉、阴那、三台诸山所产为最，味清冽，似龙井。"茶诗云："嘉应三月有春茶，只惜茶时不在家，但意今朝宫阁里，一瓯新水浸云花。""佳茗"便是指清凉山村的高山绿茶。

清凉山是产茶的好地方，山高云雾多，湿气重，昼夜温差大，漫射光强，山体属燕山期花岗岩、石英岩、紫砂岩结构，极适宜茶树生长，并有利于茶叶中有机物质积累及蛋白质、氨基酸等含氮化合物形成，从而增加茶叶香气。清凉山茶园的茶树属灌木型小叶种，虽然产量较低，但品质优异。清凉山茶一年采三至四轮，分别称为头春、二春、禾花和雪片。从品质来讲，谷雨前采的头春茶为最佳。

清凉山茶田（梅江区史志办供图）

| 采摘 | 摊晒 | 杀青 | 揉捻 |
| 摊凉 | 干燥 | 筛末 | 复火 |

清凉山高山茶独特的手工制作工艺（梅江区史志办供图）

改革开放以来，西阳镇委、镇政府积极争取各方面的支持，推广清凉山茶区的小叶种、奇兰、黄旦、金萱等品种种植，形成以清凉山绿茶为主，乌龙茶、色茶为辅的规模种植，种植面积达到400多万平方米，年产值约5400万元。

清凉山茶条索紧结匀整，气味清香馥郁，汤色碧绿，清澈明亮，滋味甘醇。饮用时沁人心脾，饮用后挂齿留香，具有提神醒脑、舒血健脾的功效。清凉山茶享誉几百年，产品畅销东南亚诸国，尤其在华侨中享有盛誉。清凉山人侯春梅，2006年从深圳回到梅州，成立了广东万斛源生态农业公司，以清凉山高山茶为依托，从事茶叶的生产与加工。2015年，该公司的"家家发绿茶"入选"梅州市十大名茶"，"家家发红茶"被评为梅州特色茶；2016年，该公司被评为广东省农业龙头企业、广东省名优企业。

"家家发"绿茶、红茶（梅江区史志办供图）

清凉山茶园（梅江区史志办供图）

（供稿：侯保添；复核：江文秀）

梅州市梅县区

长教村·雁南飞茶叶

长教村，坐落在雁洋镇粤东北第一峰五指峰南麓，总面积11.8平方千米，其中山林面积1000万平方米。该村村容整洁，绿树成荫，红砖绿瓦，庭阔廊回，是广东省生态示范村，与紧邻的全国高产优质高效农业示范基地、国家AAAA级旅游景区——雁南飞茶田度假村交相辉映，成为梅州山区建设社会主义新农村的典范。

曾经的长教村贫穷落后，村民收入低，村集体经济薄弱，1994年全村人均年收入不足2000元，村集体收入仅有8000元。1995年，宝丽华集团的"三高"农业旅游项目开发给这个贫穷的山村带来了发展的"曙光"，村委会与宝丽华集团联手发展生态农业、旅游产业，建设雁南飞景区。2000年，长教村以农村土地经营制度改革政策为导向，将全村1000万平方米山林和40多万平方米农田旱地全部租赁给宝丽华集团，支持雁南飞景区做强做大，并建立了"公司+基地+农户"的农业产业化经营模式，开发以种植白叶单丛茶为主的茶叶基地173万平方米，景区内连片茶园67万多平方米。长教村有350多名妇女劳动力，其中200多人参与茶叶生产。雁南飞茶田成功研制了金单丛乌龙茶、金桂兰乌龙茶、茉莉花绿茶等12大系列茗

长教新村村貌（梅县区地方志办供图）

采茶（梅县区地方志办供图）

茶，其中金单丛乌龙茶获评国家"绿色食品"认证和广东省名牌产品，"雁南飞"品牌在广东省乃至全国都有较高的知名度。

宝丽华集团租赁长教村的土地每亩租金按400千克干稻谷的市场价折算支付，并为长教村村民提供足够的工作岗位，在景区就业的长教村民人数约占总员工数的三分之一。此外，雁南飞景区还引进台湾金萱、黄金桂等名优茶叶，有近200名村民在已被租赁的土地上以"公司+农户"的方式参与管理茶园，由公司提供种苗、技术、肥料，农民负责管理并领取管理费。为了让村民共享发展成果，宝丽华集团投资兴建了长教客家文化新村。公司将首期75套新房无偿提供给村集体，由村委会廉价出售给村民，售房款则作为村集体的发展基金，进行各项美化、绿化、基础化设施工程建设，村容村貌焕然一新。2017年长教村集体纯收入增至300多万元，村民人均年纯收入增至2.38万元。

20多年前，长教村也是穷乡僻壤的"山旮旯"，荒山裸露、房屋破旧、生活困苦，村民因无法依靠土地实现温饱而纷纷外出务工。如今，利用山林土地资源，借力外出乡贤，村企携手合作，依托良好的生态环境深挖厚重的客家文化，通过生态农业和旅游产业的带动，全村荒山变茶园、林区变景区、古村落变旅游区，形成了独具特色的生态旅游休闲观光产业。

云雾缭绕的茶园（梅县区地方志办供图）

（供稿和复核：黎志康）

梅州市梅县区

大黄村·金柚

大黄村，位于松口镇南部，水陆交通便利。该村始建于明代，全村总面积10.7平方千米，由3个自然村组成。大黄村是松口镇金柚种植专业村之一，全村98%的农户种植金柚，面积达137万平方米。

2014年1月，大黄村通过村委会牵头，与20多家金柚专业合作社联合经营，发展金柚专业合作社联合社和实业发展公司的"新航母"经营模式。全村有600多人以每股1万元入股"新航母"。联合社创办农业服务超市，确保以质优价廉、实用、及时的农资产品供应各农户；组建农事服务队为各庄园户提前筹备劳动力，在繁忙季节为村民及时提供疏花、疏果、采摘等农事服务；搭建"互联网+信息"服务平台，为农户提供产、供、销有关信息。

经过一年的运作，2015年合作社和公司通过金柚产销、购置土地、成立农资超市等生产经营活动盈利300多万元，入股的村民每股可以分红1000元现金，并给每股新增0.2个持有股份。

大黄金柚产业园全景（梅县区地方志办供图）

包装金柚（梅县区地方志办供图）

2015年10月，大黄村办起梅县金柚产业园，有12家金柚加工仓储建成并投入运作，为蜜柚的加工包装提供了极大便利。该产业园占地20万平方米，共有24家企业进驻建立加工仓储车间，是梅州市总面积最大、企业数量最多的加工仓储基地，也是梅县区重要的金柚销售平台。为配合新仓储，合作社投资200多万元定制一套全新的现代化金柚加工设备，每天可加工25万千克金柚，效率提高了5倍。金柚产业园的建成，带动当地金柚产业向规模化发展，园区吸纳

金柚品牌（梅县区地方志办供图）

了五六百人就业。

大黄村的金柚销往全国各地及东南亚部分国家，销售量由多至少的省市依次为四川、上海、湖南、湖北和北京等。1995年4月，梅县被国家命名为"中国金柚之乡"。梅县金柚先后获得国家"七五"星火计划成果博览会金奖、全国优质农产品展销会金奖、第二届中国农业博览会金奖和第三届中国农业博览会及99中国国际农博会认定名牌产品；共六次在全国柚类评比中获金奖，被中国果品流通协会授予"中华名果"称号；并被国家认定为绿色食品A级产品。

梅县金柚远销海外（梅县区地方志办供图）

（供稿和复核：黎志康）

梅州市兴宁市

浊水村·围龙春乌龙茶

浊水村，位于径南镇西部，与永和镇交界。浊水村多黄泥山，据说旧时雨后泥水四溅，河水浑浊，故有浊水之名。全村山地面积267万多平方米，耕地面积28万平方米。

茶叶产销为浊水村村民主要经济收入来源之一。浊水村因其地处国道G205线梅州段地势最高处，山高雾多，黄泥土壤，土瘦肥寡，其生态环境适合茶树及李树生长，自古产茶，故而缓坡山岭，多辟成茶园及李园。茶树几乎户户种植，少的数棵，多则百亩，为主要经济作物之一。

浊水村茶叶品种原有梅占、水仙等绿茶，后引种单丛茶、黄金桂及奇兰等乌龙茶系列，昔日以"南蛇岗绿茶"驰名，今以单丛茶名气最大。1989年，黄蜂窝茶山旅游区建成之后，以"黄蜂窝牌"为注册商标。1997年，"黄蜂窝牌"单丛茶、黄金桂、奇兰茶均获"97中国国际茶会金奖"，远近闻名。因黄蜂窝山地属浊水村，故茶商将浊水村所产茶叶视为"黄蜂窝

远眺浊水村（何日胜摄）

浊水村茶叶种植基地（曾永宏摄）

牌"茶而包购。由此，浊水村民种茶积极性更高。

至2017年，浊水村有茶叶种植户190户，茶叶种植面积233万平方米，拥有茶叶初制加工厂17家，规模较大者为浊水茶叶加工厂及国辉茶叶加工厂，有茶叶专业合作社19家，小型个体茶户15户。因茶叶一年内集中采摘三四次，故尽管加工厂不少，但每至茶叶采摘时节，各加工厂亦忙得不可开交，春茶时节最为繁忙。2013年7月，浊水村因"围龙春乌龙茶"被国家农业部评为第三批"国家一村一品示范村"。

乌龙茶初加工产品（曾永宏摄）

除了茶叶，李果也是浊水村主要经济作物之一。该村自古有种李传统，家家均有栽种。近年来，经政府引导，农户栽种热情高涨，径南镇李树种植面积已达1333万多平方米。二月李花开，是最佳赏花时节。沿国道进入径南镇境内10千米范围之内，低坡山坳、山脚溪边、田头菜地、房前屋后，处处有成片李花，洁白如雪，以"径南十里李花坡"而闻名。浊水村也因此被称为"茶李之乡"。

乌龙茶茶青（曾永宏摄）

（供稿：何日胜；复核：兴宁市地方志办）

广东特色产业村

梅州市平远县

邹坊村 • 脐橙

邹坊村，位于仁居镇西北部，地处丘陵盆地，四面环山，形似小船，两头小，中间宽阔平坦，邹坊河纵贯该村，两岸农田连成一片，蔚为壮观。全村耕地面积89万平方米，山林面积584万平方米。20世纪90年代后，邹坊村选择杂优水稻制种，兼种植烤烟、甜玉米、仙草、西瓜等经济作物，大力发展平远脐橙种植。该村以脐橙为特色产业，是平远县脐橙主要生产基地之一。因种植规模大、效益好，脐橙风味独特、品质上乘，邹坊村被称为脐橙村。

平远县从1983年开始试种脐橙，1995年后大面积推广种植，鼎盛时期全县种植栽培面积6707万平方米，挂果面积4534万平方米，总产量6.5万吨，产值达4.8亿元。平远脐橙是平远县产值最高、效益最好的水果品种，具有果大美观，果皮较薄，色泽鲜艳，肉质脆嫩化渣，风味浓甜芳香，无核早熟，耐贮、耐运，营养丰富等特点。自1983年发展脐橙种植以来，先后获得国家地理标志产品认证，广东省区域优势农产品"最具发展潜力奖"，"广东脐橙之乡"，广东省优质柑桔金奖，岭南十大佳果"最佳果型大奖"等荣誉。该县从2005年开始，每年均举办脐橙文化旅游节。

邹坊村村貌（姚伟传摄）

脐橙基地（涂铣英摄）

邹坊村土地肥沃，山坡地以红壤土为主，非常适合脐橙种植。1995年，村民开始种植平远脐橙；2000年后，发展至山坡连片开发，家家户户种植。该村成立了仁居果业专业合作社，实现产、供、销一体化，为农户提供资金支持、技术指导和中介服务，采取供销合同、超市对接和网络服务等销售方式，并与梅州市飞龙果业公司合作，发展脐橙深加工，致力橙汁、橙皮油开发。该村严格按照国家绿色食品生产标准，合理栽培，科学管理，脐橙年产量达200万千克，远销珠江三角洲和全国各地。为扩大乡村知名度，该村在脐橙成熟季节，开发采摘园旅游项目。"合作社＋农户"的经营模式推动了邹坊村脐橙产业的发展，取得了较好的经济效益，村民生活水平不断提高。

挂满枝头的脐橙（涂铣英摄）

脐橙丰收（涂铣英摄）

（供稿：姚良明；复核：平远县地方志办）

梅州市蕉岭县

九岭村·三圳淮山

　　九岭村，位于三圳镇南部，距离镇政府约3千米，总面积8.6平方千米。九岭村三面环水，为鱼米之乡；是蕉岭县的首批长寿村，其中80岁以上有91人，最年长者110岁，被誉为"世界长寿乡"中的"长寿村"。

　　淮山是三圳镇的传统农作物，早在20世纪70年代就开始种植。80年代初期，淮山种植形成了一定的规模，常年种植面积达13万多平方米。三圳镇九岭村地势平坦，土壤肥沃，为天然沙坝土和富硒土壤，共种植淮山53万多平方米，产出的淮山分白淮山和紫玉淮山两种，白淮山外观呈黄褐色圆柱状，密生细须根，烹煮时久煮不散，煮熟后口感香糯，产量每亩1500千克左右，每亩产值为12250元；紫玉淮山因其肉质呈紫红色而得名，口感佳，营养丰富，含有多种营养素，花青素含量是白淮山的60倍，还含有人参的主要成分皂苷，每亩产量2500千克左右，每亩产值为3万元。目前，九岭村有200多户村民种植淮山，九岭淮山已成为九岭村民增收致富的关键产业之一。

九岭村南入口标识（三圳镇政府供图）

三圳淮山基地（三圳镇政府供图）

三圳淮山营养价值高，具有"神仙之食"的美名。三圳淮山被评为蕉岭县十大长寿食品，2013年获农业部农产品质量安全中心颁发"无公害农产品"证书，2017年底被确认为国家地理标志产品。

近年来，九岭村在推动农业现代化发展过程中，着力打造"一村一品"。一是做好品牌的保护和开发工作，制定统一标准，严把质量关，严控准入关，同时做大产业规

村民收获三圳淮山（三圳镇政府供图）

模，把淮山培育成为主导产业、特色产业、支柱产业。二是加大品牌的宣传和推介，扩大品牌的知名度和影响力，提高农产品附加值，促进一、二、三产业的融合发展。三是丰富品牌的运营模式，采用"地理标志＋农民合作社＋农户"和"地理标志＋龙头企业＋贫困户"等运行模式，让地理标志产品成

三圳淮山（三圳镇政府供图）

为农民增收、贫困户脱贫、村集体收入增加的支柱产业。四是壮大品牌的经济效益，实施"走出去"战略，利用"互联网＋"平台，扩大销售渠道，增加品牌经济效益，实现农民增产增收和乡村的振兴发展。

（供稿：杨苑平、文晓丽；复核：张丽春、徐霞）

广东特色产业村

梅州市蕉岭县

黄坑村·黄坑茶

黄坑村，位于新铺镇西北部，距镇政府约18千米，始建于明代，地处山间谷地，村落居于山下小盆地间，包括三个自然村。

黄坑村传统经营以种植水稻和种茶、制茶为主。据清康熙元年（1662年）版《镇平县志》记载，该村村民于当年开始种茶，后不断改进制茶工艺，成就了继承其种植传统的、香醇甘滑的黄坑茶。黄坑绿茶成茶条索紧细，色泽银灰显霜，汤色清绿，香气醇

采茶（蕉岭县地方志办供图）

黄坑村村貌（蕉岭县地方志办供图）

中国黄坑茶（蕉岭县地方志办供图）

浓，回味悠长，具有香、甘、滑、嫩、醇等特点。现全村茶叶种植面积167万多平方米，种茶户数300多户，几乎户户有茶园。该村有大小茶叶加工厂40家，年产干茶18.75万千克，产值2000多万元。该村以清明前手工茶、春茶、夏茶、秋香茶、阳春茶而闻名，现注册商标有中国黄坑茶、牛尾岽绿茶、黄坑牛尾岽红茶、塘尾山茶。

黄坑茶产于方圆百里无任何污染的粤东山区蕉岭徐溪，通过多年优中选优，现种植水仙品种。1992年，黄坑茶被选送参加了广东省名优茶质量竞赛，被评为香气内质特别优秀的品种。1999年，被选送参加广东省"三高"农业一乡一品名优特产展览，并获优秀奖。

黄坑茶厂始建于1990年5月，凭借当地有300多年历史的黄坑茶品牌，以"公司＋农户＋基地"的形式带动当地群众发展茶业，让企业形成种植、加工、销售一体化的经营格局。目前，黄坑茶厂拥有天然优质无公害的绿茶生产基地33万多平方米，签约农户300多户，近千亩茶园严格执行绿色无公害标准，指导农户实行科学化、规范化管理，以确保茶叶的优良品质。年生产优质精制绿茶约2.5万千克，在广州、深圳、梅州市城区设有经营网点，产品远销东南亚、俄罗斯等国家和地区。

（供稿：林婷；复核：古文粤）

黄坑村茶场（蕉岭县地方志办供图）

广东特色产业村

梅州市大埔县

和村·蜜柚

和村，位于枫朗镇，距镇政府18千米，与福建省平和县九峰镇、潮州市饶平县上饶镇相连，是二省三县的交界结合部，堪称大埔"东大门"。和村在老一辈中又称"罗村"，村民均为邓姓（嫁入村的除外），由三河枫朗溪背坪迁入，现传至二十五世，为大埔最大的邓姓村庄。和村是有名的蜜柚专业村，全村400多户人家，种植蜜柚133万多平方米，总产量225万千克以上，有几十户农户仅蜜柚一项年收入

蜜柚（枫朗镇政府供图）

和村柚园（枫朗镇政府供图）

10万元以上，靠种植梅州金柚、蜜柚，村民富起来了。

2000年以前，和村与许多村一样，青壮年大部分外出务工，农民收入以外出务工和种植水稻为主。2009年村集体经济年收入仅5000元。为了发展农村经济、稳定增加农民收入，村两委班子对蜜柚的市场需求量进行考察分析后，决定引导村民及时调整并优化农业产业结构，发展市场前景一致看好的蜜柚种植。在村干部的带动

枝头上的蜜柚（枫朗镇政府供图）

下，广大村民纷纷效仿，掀起了种植蜜柚和学技术、学管理的热潮。为了形成规模种植，带动群众共同致富，该村党支部实行党员挂点帮扶制度，即一个党员帮扶1至2户农户，无偿为种植的农户提供果苗和技术指导，帮助联系销路。该村还成立蜜柚协会，加强信息、技术交流；组织村干部和几名种植大户自费到福建平和中运公司和大埔县顺兴种养集团公司实地参观学习；举办技术管理培训班，免费为参加培训的果农授课。

经过近10年不懈努力，和村村民已种植近267万平方米蜜柚和67万多平方米青梅。2013年，和村（梅妃蜜柚）被评为第三批"全国一村一品示范村镇"。每年春季，满目苍翠的和村变成洁白"花海"，梅香四溢，柚花醉人。在青梅、蜜柚采摘季节，潮州、福建和大埔各地的游客纷至沓来，采购尝鲜。

蜜柚包装车间（枫朗镇政府供图）

（供稿和复核：大埔县地方志办）

梅州市大埔县

漳溪圩村·青花瓷

漳溪圩村，位于光德镇西南部，始建于明代，因曾开设圩场进行农副产品交易而得名。该村自然资源为瓷土，为大埔特产，耐高温1000多度，是生产日用瓷、青花瓷的主要原料。

漳溪圩村陶瓷产业厂区占地面积约3.5万平方米，有大埔漳联瓷业发展有限公司等6家陶瓷厂，工人315人，年产值约2.35亿元，产品主要以青花瓷为主，产品远销欧洲、日本、韩国等发达国家和地区，深受客户青睐。

青花瓷（大埔县地方志办供图）

中国青花瓷之乡（光德镇政府供图）

烧窑（光德镇政府供图）

  陶瓷烧制技艺分四大工序：一是采瓷土、拌瓷泥、拌浆釉；二是拉坯成型，有打饼和手拉坯两种方式；三是绘画上釉，分成釉上彩和釉下彩；四是放进瓷窑，在一定温度下（一般是1000多度）煅烧成品。2012年，光德陶瓷烧制技艺被列入广东省第四批非物质文化遗产名录。

  大埔陶器生产始于商周，瓷器生产启于宋末，兴于元初，鼎盛于明清。青花瓷一直是大埔传统的拳头产品，以瓷质细白、青艳透亮、工艺独特等特点著称。大埔县是广东省陶瓷主产区之一，自2010年底被中国陶瓷工业协会授予"中国青花瓷之乡"称号后，大埔继续努力挖掘青花瓷潜在的资源，在继承传统的基础上，从造型开发研制、精工画面结构、提高产品档次、拓展国际市场上下功夫，把中国青花瓷之乡的名牌打得更响亮。2016年，大埔县有高陂陶瓷工业基地1个，陶瓷生产小区4个；陶瓷生产经营企业共有186家，其中规模以上企业39家。全县从事陶瓷产业人员1万多人，各类专业技术人员214人。2016年，全县陶瓷产业实现产值35.15亿元、销售收入26.7亿元。

陶泥   手拉坯   画坯   上釉

陶瓷烧制（光德镇政府供图）

（供稿和复核：大埔县地方志办）

梅州市丰顺县

马图村·马山绿茶

马图村,隶属于龙岗镇,地处粤东北部山区腹地,是广东省著名的红色革命老区,也是全省七个省级茶叶专业镇之一,目前形成"红色老区,绿色发展"的发展特色。这一特色的形成与其独特的"梅州高原"环境及广东龙岗马山茶业股份有限公司"公司+基地"的经营模式密不可分。全村共有茶园面积667万平方米,其中保存完好的老茶园有80多万平方米,上百年的老茶树10万余株。

马图村四面群峰连绵,属于亚热带气候,四季分明,年平均气温为21℃,年平均降雨量近2300毫升,年日照时间1860小时,土壤pH值5.5—6.5,土壤属燕山期花岗岩、石英岩、紫色砂岩结构,表层为黄红沙壤土,植被以蕨草为主。山上常年云雾缭绕,特别是农历四至九月,云雾弥漫,百米以外难以看清景物,每天日照仅有4—5小时,昼夜温差大,冬季霜冻来得早,夏天高温来得迟,天然的环境造就了茶叶良好的品质。马图茶主要品种为"小叶乌

马图村茶园(梅县影协供图)

马山茶业股份有限公司（马山茶业股份有限公司供图）

龙"（旧称"小叶黄细茶"），精制之后的茶叶外观色泽银白，沁人心脾，泡用饮酌香、甘、滑、柔、醇。

马图村成功打造了"马图"和"马山"两个茶叶品牌，以马图茶业有限公司和马山茶业有限公司为依托，采取"公司+基地"的经营模式，带动870多户农户共同致富，统一种植标准，对茶树栽培、茶叶采摘和加工等按统一标准进行生产。目前，马山茶业有限公司已建成287万平方米生态茶叶种植基地，被认定为"全国巾帼现代农业科技示范基地"，"国家林下经济示范基地"；公司先后获得"广东省农业龙头企业""广东省林业龙头企业"等40余项荣誉称号。2010年马山绿茶通过了中绿华夏有机产品认证，被评为"广东省名牌产品""广东名茶"。马图茶业有限公司现有生态茶园33万平方米，逐渐形成农家乐观光景点，开发传统绿茶的种植、传统制作工艺，开发绿茶饮料等项目。2014年马图绿茶被确认为国家地理标志产品。马图茶的传承人何火球，坚持用手工做茶，其制茶工艺已被列入梅州市非物质文化遗产名录。

正在采茶的村民（梅县影协供图）

（供稿和复核：龙岗镇政府）

梅州市五华县

凤凰村·长乐烧酒

凤凰村,位于岐岭镇南部,总面积2.98平方千米,耕地面积53万平方米。属亚热带气候,主要经济作物有杨桃、双华李,长乐烧酒是该村特色产业。青山绿水间,长乐烧酒的酿造技艺已传承千年。广东长乐烧酒业有限公司1978年迁入该村,企业发展史可溯源至1956年。

长乐烧酒是五华民间的传统名品,因"蜜香幽雅、醇厚绵柔、舒适引口、回味怡畅、醉不上头"的独特风格名闻遐迩。其酿造技术发轫于晋,得名于宋熙宁四年(1071年),成熟于明,纯青于今。明万历年间,有"一滴沾唇满口香,三杯入腹浑身泰"之誉。清道光二十五年(1845年)版《长乐县志》记载:"县属出产烧酒甚多,长乐烧著称,岐岭为最佳。"因取粤东名山——玳瑁山穿石而出之甘泉,融客家先民智慧,加之精湛酿技,长乐烧酒与同类产品相比更胜一筹。

民国时期,岐岭街有"祥隆老号""祥隆正记""广益""裕春"等小作坊制作生产长乐烧酒。当时,仅祥隆酿酒小作坊就有30多名工人,月产酒1000多千克。1953年,岐岭街10多间酿酒小作坊联营生产,生产进入集约化时代。

广东省五华县长乐烧酒厂原是五华县国有工业的骨干企业之一,是广东省唯一获得"全

长乐烧酒业股份有限公司一角(五华县地方志办供图)

酿酒工人在摊凉米饭（五华县地方志办供图）

国29家名优白酒厂"称号的企业。1978年改名为长乐烧酒业有限公司；2000年4月1日实行产权制度改革，同时由广东瑞华集团有限公司接管经营；2011年4月成功转为股份制企业，即广东长乐烧酒业股份有限公司。该公司占地面积约5万平方米，建筑面积约2.4万平方米，现有员工420多人。2009年11月，公司建成了建筑面积达8800平方米的生产大楼，以及5条金腾土灶生产线，每年可增产优质酒2500吨、窖藏酒1600吨。同时，新建5000吨白酒新生产线和3000吨地窖，使长乐烧酒的年生产规模达到1万吨。2016年，长乐烧酒被确认为国家地理标志产品。

走进广东长乐烧酒业股份有限公司，浓郁的酒香味扑鼻而来，"南国第一窖"五个大字格外引人注目。在作坊内，蒸饭装备、发酵缸、蒸馏装备一应俱全，成排的酒坛整齐排开。

长乐烧酒厂是国内最早使用地下酒窖的厂商之一，酒窖四季温湿度差别不大，原酒通过恒温、恒湿长时间的自然老熟变得柔和。

虽然时下生产方式较以前发生了巨大变化，但酿造工艺本质上并没有改变，长乐烧酒的生产仍保持传统的生产工艺。自动化设备提升了生产的效率，但更为关键的是酿酒人坚持精益求精，如从源头上选用更优质的稻米，用更优质的酿造水，培育更纯、更有活力的菌种，把每个环节做得更为细致。

长乐烧酒生产车间（五华县地方志办供图）

（供稿：岐岭镇政府；复核：何伟婷）

惠州市惠东县

竹园村·冬种马铃薯

竹园村，隶属于稔山镇，位于惠东县稔平半岛，三面环山，南临大亚湾，总面积17平方千米。气候温和、雨量充沛，土壤肥沃，特别适合冬种马铃薯。

1995年，该村创建马铃薯生产种植基地，种植马铃薯227万多平方米，成为稔山镇农业龙头生产基地。2009年12月，该村被惠州市政府认定为"马铃薯种植专业村"。2010年3月，由惠州市农业局和惠东县政府合作，以该村为中心，实行"稻—稻—薯""花生（菜）—稻—薯"一年三造水旱轮作，按照现代农业"劳动生产率高、土地生产率高、投入产出率高、科技贡献率高、农业收入水平高以及农田标准化、操作机械化、管理科学化、服务社会化、生态良性化、城乡一体化"的"五高六化"的要求，通过综合运用工程措施、生物措施改造，马铃薯亩产达到2400

马铃薯抽苗（惠东县地方志办供图）

水稻秋收后起垄（惠东县地方志办供图）

竹园村万亩马铃薯基地一角（惠东县地方志办供图）

千克。2010年，该村被国家农业部评为"全国一村一品示范村"。近年，该村仍然以种植马铃薯为主导产业，种植马铃薯农户始终保持在350户左右，种植面积保持在227万平方米左右。2016年、2017年产量分别达6800吨、8000吨，产值分别为1496万元、1280万元。依托优越的冬季气候条件及反季节效益优势，冬种马铃薯产业已形成了生产基地化、市场国际化、经营产业化的发展格局，目前不但热销于国内各大城市，还走出国门，销往新加坡、马来西亚、泰国等东南亚国家。

近两年，惠东县结合自身马铃薯产业的特点，以绿色化为引领，结合"旅游+农业"理念，"以文促旅、以旅惠农"，开展"中国冬种马铃薯之乡"旅游文化节等文旅活动，促进惠东县特色农产品的宣传推广，拓宽传统农业的发展思路，创新传统马铃薯产业的发展模式。

村民收获马铃薯（惠东县地方志办供图）

（供稿和复核：惠东县地方志办）

惠州市龙门县

嘉义庄·农民画

嘉义庄,位于永汉镇北部,是客家人居住的自然村,地处丘陵地带。该村王、黄两姓共居,两姓的先祖100多年前先后从梅县迁往龙门;1948年秋,两姓代表人物王祥林、黄茂昌"义结金兰"并建村,故取名嘉义庄。

农民画创作始于1972年,当时龙门县民间画家积极响应党中央号召,大力扶持、辅导工人、农民业余创作"工人画""农民画"。龙门县是传统的农业县,艺人多身居农村,深厚的农村文化积淀使"农民画"脱颖而出。龙门农民画色彩鲜明,生动热闹、生活情趣跃然纸上,用特殊手法展现了人们对自然、风俗、神话、劳动、爱情、社会的思考。

40多年来,龙门县农民画的作者们通过表现自己熟悉的劳动、生活和民俗风情,继承和发展了蜡染、剪纸、年画、绣花、雕刻等传统造型和表现手法,其画作以质朴纯真的构思、明快浓烈的色彩、夸张变形的线条在国内民间美术领域独树一帜。1988年,惠州龙门县与上海

龙门农民画《繁忙的乡村》(梁彩欢作,龙门县地方志办供图)

龙门农民画《嘉义庄》（龙门县地方志办供图）

金山县、陕西户县同时被文化部认定为"中国现代民间绘画画乡"，1998年被广东省文化厅认定为"广东省民族民间艺术（农民画艺术）之乡"。2005年5月，为推动产业化，嘉义庄举办为期一个月的农民画培训班，经过培训，嘉义庄几乎每一户人家都有一两人懂得画农民画。同年6月，嘉义庄成为首个龙门农民画示范村。同时，龙门农民画在广州、西安、北京等城市展出，也曾到美国、日本等国以及香港、澳门地区举办展览。截至2015年，已被认定的龙门农民画画家至少有238位。

"山花奖"作品（王汉池作，龙门县地方志办供图）

龙门农民画《做牙签》（罗秀芳作，龙门县地方志办供图）

作为龙门农民画发源地的嘉义庄逐渐成为当地引导民间绘画走向市场化、专业化、民间化、大众化的"试验田"。随着龙门旅游业的发展，嘉义庄的游客越来越多，农民画的销路打开了，祠堂成为展示龙门农民画的场所，村民可以把自己画的农民画挂在墙上，供游客选购。不少农民画画家凭借着绘画手艺实现了才艺向财富的转化，更有村民把创作农民画作为自己的终身职业。

（供稿和复核：龙门县地方志办）

惠州市龙门县

下龙村·麻榨杨桃

下龙村，位于麻榨镇西南部，东与凤岗村相接，西与增城区正果镇相连。耕地面积163万多平方米，山地面积674万平方米。

1992年，该村开始引进杨桃种植。2010年以后，该村杨桃种植产业发展迅猛，村中家家户户种植杨桃，每户种植0.33万—1.33万平方米，成为下龙村的主导产业。通过引进台湾品种和马来西亚品种，使用套袋种植，杨桃品质更好。该村地处北回归线上，日照时间长，昼夜温差大，种出的杨桃清甜、多汁、爽口，且采摘期长（当年7月至次年5月）。2011年起，该村相继成立5家专业合作社，组建了16个杨桃集中收购点，实行"合作社+基地+农民"的发展模式，帮助合作社成员及其他农户销售杨桃。2017年，下龙村农民人均可支配收入

"岭南杨桃之乡"石碑（龙门县地方志办供图）

下龙村村貌（龙门县地方志办供图）

16850元，杨桃产业的人均可支配收入为12500元。

2018年，该村有杨桃种植户720户，种植面积263万平方米，年产量1650多万千克，按2016—2017年度平均3.6元每千克的市场价格计算，全村杨桃收入5900多万元。在下龙村的带动下，邻近的凤岗、南滩、坑口、桂村、河东、寨下、东埔、坳头、约坑9个村也相继种植杨桃，且规模不断壮大，带动广大农民增加收入。

绿安杨桃品牌（麻榨镇政府供图）

2015年12月2日，首届龙门麻榨杨桃节在下龙村举行。杨桃节通过一系列趣味农事活动，与珠江三角洲游客分享杨桃丰收的喜悦。在电商交流会现场订购会上，7家企业现场订购1950万千克杨桃；杨桃擂台赛由4个行政村和4家合作社分别选送2—3个种植单位参加比赛，果农们捧着自己的"参赛作品"排队称重参加初选，专家组根据果树树干直径和果实重量、外观、农药残留、口感等指标选出"最粗壮的杨桃树"及"最优质杨桃"。拍卖活动中，一份杨桃最高拍卖出18余万元。

2018年，下龙村被评为第八批"全国一村一品示范村镇"。

第二届杨桃节（麻榨镇政府供图）

（供稿和复核：龙门县地方志办）

汕尾市陆丰市

赤坑村·萝卜

赤坑村，位于博美镇中部，耕地面积221万平方米。全年气候较为温和，降水丰沛；交通便利，水电供应充足；农户勤劳朴实，萝卜种植为主导产业。同时，该村是汕尾地区萝卜重要产地之一。2017年8月，该村（萝卜）被国家农业部评为第七批"全国一村一品示范村镇"。

根据《广东省"一村一品、一镇一业"富民兴村三年行动方案（2018—2020年）》的要求，赤坑村农民在赤坑村党总支部的带领下，抓住全省"一村一品"发展机遇，通过萝卜产业积极发展经济，振兴农业，走上脱贫致富的道路。

萝卜种植成为赤坑村的支柱产业、"一村一品"特色产业和农民收入增长的主要来源，得益于"一村一品"项目的发展优势，2015—2017年村人均年收入稳步提高。2015年，赤坑

赤坑村萝卜生产基地（陆丰市地方志办供图）

青青萝卜苗（陆丰市地方志办供图）

村人均年收入约9644元；2016年，人均年收入约10483元；2017年，人均年收入约11395元。全村种植萝卜的农户有475户，萝卜种植面积约83万平方米，总产量约5000吨，年产值约600万元。

2017年5月31日，赤坑村注册登记以蔬菜种植和家禽饲养为业务范围的种养专业合作社；2018年，新增5户贫困户和2户种植大户加入，合作社有效运作并带动贫困户开展萝卜种植；划拨资金289750元作为固定收益回报，增加贫困户收入；以"合作社+种植大户+贫困户"的模式发展生产经营，直接带动贫困户开展萝卜种植、生产和销售，增加贫困户经济收入。

博美镇"一乡一品"项目示范区（陆丰市地方志办供图）

收获萝卜（陆丰市地方志办供图）

（供稿：博美镇政府；复核：陆丰市地方志办）

汕尾市海丰县

虎噢村·皇斋虎噢金针菜

虎噢村，位于黄羌镇西南部，处在群山环抱之中。村的西北面多高山峻岭，无污染源、土质优良、水质好，该村种植金针菜已有800年的悠久历史。其生产的皇斋虎噢金针菜久享盛誉。

虎噢金针菜外观好、品质优、口感好，深受广大消费者的喜爱。

近年来，虎噢村按照"政府主导、部门支持、群众参与"的发展思路，坚持走"公司+基地+农户"的发展模式，进一步做大做强虎噢金针菜特色产业。目前，全村共有350多户种植金针菜，种植面积80多万平方米，每亩金针菜产值从几百元到现在的15000—20000元，总

金针菜（黄羌镇政府供图）

金针菜丰收（黄羌镇政府供图）

金针菜种植基地（黄羌镇政府供图）

产值近2000万元，占全村农业总产值的82%以上。全村75%以上的农户都以种植金针菜为主，依靠金针菜这一产业，全村年收入1500多万元，人均收入7800元（占农民人均纯收入的93%）。2017年，虎嗷村农民人均纯收入8360元，高出黄羌镇农民人均纯收入近800元。在该村的带动下，下寨、石山、合门、东坑、坑联等村相继种植金针菜，并创建3个金针菜专业合作社，建立5个金针菜种植基地，使黄羌镇金针菜种植面积扩大到100万平方米，黄羌镇农业总产值大幅提高，农民收入相应增加。

"皇斋虎嗷金针菜"被中国国家绿色食品认证中心认定为国家4A级绿色食品。在"千村千品"富农工程产品展会上被评为"优质农产品"。在全国1000多个专业合作社数百个农产品评选中获"2008年中国具有影响力合作社产品品牌"。2010年，皇斋虎嗷金针菜被确认为国家地理标志产品。2011年，获得"全国供销合作社系统农民专业合作社标准化农产品"殊荣。2016年，入选"广东十大名菜"，虎嗷村（金针菜）被评为"全国一村一品示范村"。此外，还荣获第十届、第十二届、第十三届中国国际农产品交易会金奖。

金针菜晾晒（黄羌镇政府供图）

（供稿：黄羌镇政府；复核：海丰县地方志办）

东莞市

巷头社区·毛织品

巷头社区，位于大朗镇中心区，面积约3.4平方千米。始建于宋代末年，当时此处有一条街巷叫牛㘵巷，因居牛㘵巷入口而取名"巷头"。"世界毛织看大朗，大朗毛织看巷头"。大朗是中国毛织产业重镇，而巷头社区则是重镇中的"重镇"。2013年1月，巷头社区被中国毛纺织行业协会授予"中国毛织第一村"称号。

1979年，香港商人在巷头开办第一家毛织厂——东莞大朗巷头志兴毛织厂，开启巷头毛织产业的新征程。从20世纪80年代开始，一大批巷头当地民营企业家开始涉足毛织业，自筹资金，办厂创业。到90年代中期，巷头民营毛织企业日益壮大，逐渐取代原港资企业的地位。经近40年发展，巷头成为大朗镇最重要的"毛织产品发源地""毛织产品销售基地""毛织产品集散地"。

截至2017年，巷头有5000多家毛织企业，2万多台电脑编织机，出租的厂房商铺有93%与毛织经营相关，居民收入的90%来自毛织产业。巷头的毛织从业人员5万多人，包括700多名中高级设计师、1000多名技术骨干，整个产业集群市场年销售超过13亿件（套）。

巷头社区一角（东莞市地方志办供图）

自20世纪90年代开始，巷头陆续建立了广东省毛织市场（建筑面积3.25万平方米）、中国（大朗）毛织贸易中心（建筑面积7.53万平方米）、大朗纺织创意产业中心（建筑面积19万平方米）、环球贸易广场（建筑面积13.7万平方米），形成集研发设计、生产加工、原料辅料、机械设备、物流贸易、人才培训、科技服务、信息咨询等为一体的"一条龙"产业配套。

巷头社区努力开拓"线上""线下"两个市场。"线下"市场方面，组织毛织龙头企业参加国内外纺织品展览会、交易会。尤

电脑数控织机（东莞市地方志办供图）

其在巷头举办的中国（大朗）国际毛织产品交易会，每年都吸引30多个国家和地区的参展商和采购商，给当地企业带来商机。经过多年开拓，巷头毛织产品占有国际市场的份额越来越大，每年通过各种渠道出口到意大利、美国、法国、东南亚等国家和地区的毛衣超过6.8亿件（套）。"线上"市场方面，巷头推动"毛织+电商+物流+服务"产业融合模式，规划建设电子商务产业中心、纺织创意中心、环城物流园、红旗商业广场等，形成巷头"四大产业"格局，着力打造毛织综合商圈。

毛织服装品牌流行趋势发布会（大朗镇政府供图）

第十六届中国（大朗）国际毛织产品交易会开幕式（东莞市地方志办供图）

（供稿：大朗镇政府；复核：东莞市地方志办）

广东特色产业村

东莞市

鸡翅岭村·莞香

鸡翅岭村，位于大岭山镇西北部，是"广东省莞香（女儿香）文化之乡"。

莞香，唐代由国外传入；宋代，广东各地普遍种植，尤以东莞为盛；明代，闻名全国；清代，作为贡品进入宫廷。东莞一带所产的这种香料最有名，故称"莞香"。莞香是开采莞香树制成的香料统称。莞香树属国家二级保护植物和特有珍贵药用植物，被誉为"植物中的钻石"，价值不菲。莞香树属常绿乔木，树干直立，粗生耐旱。其所产香的优劣，很大程度上取决于种植的土壤。

莞香树一般种植6—8年，树干直径长至20厘米左右时，便可开凿香块。每年农历十二月是采凿莞香的季节，人们在活树上凿取。第一次凿木取香俗称开香门。采集莞香是将含香油的木块大范围地凿下，再将无香油积聚的木质铲去，留下的油质部分就是莞香。采凿的莞香依质地优劣分为"沉香""牙香""镰头香""白木香"。

莞香成品（大岭山镇政府供图）

大岭山日出（戴国辉摄）

莞香制作——开门香（大岭山镇政府供图）

莞香燃烧时无烟，特有一种龙涎香（产自抹香鲸体内）与檀香混合的香味。其供清赏及祭祀之用，有去潮避秽之功效，深受社会大众欢迎。

鸡翅岭村在明永乐年间开始种植莞香，莞香在该村又被称为"女儿香"。2006年，鸡翅岭村以"传承和发扬女儿香历史文化，打造'女儿香文化之乡'品牌"为目标，开展莞香文化建设；同年5月，规划将村后山20万平方米林地与拥有100多种古树的"风水林"、东莞盆景协会大岭山分会种植基地和"仲记女儿香"种植基地合并，打造一个集园林、绿化、生态、休闲、旅游于一体的女儿香生态园。2008年，投入30多万元建设女儿香展览馆；同年12月，鸡翅岭村获得"广东省莞香（女儿香）文化之乡"称号。2009年，投入40多万元建设女儿香生态产业试验基地，并利用植树节号召全镇企事业单位人员参与莞香种植。

截至2015年，鸡翅岭村有2个由香农自发建成的莞香种植基地（常年种植莞香的约有30人），总面积约6.7万平方米，培育香苗、香树几十万株。规划将双旗鼓、坑仔尾、坑尾川一带67万多平方米的山地全部种植莞香，建造莞香生态园林，作为莞香培植和开发园区。计划引进莞香产品技术开发企业、莞香艺术加工企业等，依靠莞香生产基地，生产莞香木雕、莞香艺术盆栽等香制品，使园区实现生产、加工、制作的"一条龙"发展，形成莞香产业群。

百年莞香母树（大岭山镇政府供图）

（供稿：大岭山镇政府；复核：东莞市地方志办）

广东特色产业村

东莞市

乌沙社区·智能手机制造

乌沙社区，位于长安镇中部、粤港澳大湾区南部，毗邻深圳市前海开发区，面积约10平方千米。

乌沙社区原以农业经济为主，生产力落后，1982年，村、组两级集体年纯收入不到40万元。1983年，乌沙引进第一家外商投资企业，此后乌沙人抓住机遇，改善投资环境，发展外向型经济，推动发展民营经济，陆续引进来自中国香港、台湾地区和日本、韩国、美国、新加坡等国的企业，以及众多国内民营企业。截至2017年，拥有外资及民营企业600多家，包括OPPO、vivo等知名企业，形成颇具规模的智能手机、高端电子、精密五金、模具、LED产业群。2017年，乌沙社区集体经济纯收入超3.38亿元，比上年增长11.3%。

2017年，乌沙社区围绕建设"高端制造业及现代民营总部经济基地"的目标，依托OPPO、vivo智能手机品牌以及优质产业资源，打造"全国智能手机第一村"。其中，广东步

OPPO公司的生产线（占有兵摄）

步步高电子工业有限公司于1995年落户乌沙社区江贝分社。截至2017年，乌沙智能手机配套企业超过300家，从业人员5万多人，年产值近2000亿元。

目前，步步高公司旗下有3家专业公司，形成数字视听产品、通信设备、教育电子产品三大体系。其旗下OPPO、vivo两个手机品牌，出货量居全国品牌手机前列。据权威数据机构IDC统计，OPPO是2016年中国手机市场出货量第一的品牌。

步步高厂房外景（长安镇政府供图）

全球有超过2亿年轻人使用OPPO拍照手机。2018年，vivo成为俄罗斯世界杯的中国四大企业品牌赞助商之一。

乌沙社区是外界检视中国农村改革的窗口，曾迎来著名社会学家费孝通等众多学者关注。随着广深科技创新走廊建设、滨海湾新区开发等规划推进，作为长安镇承接深圳市创新外溢的节点区域，乌沙着力打造制造和创新高地。

广东vivo通信有限公司（长安镇政府供图）

（供稿：长安镇政府；复核：东莞市地方志办）

中山市

南文村·红木家具

南文村，位于大涌镇东部，地处卓旗山东南，呈块状分布。开村始祖萧鹓（字景春）自新会周郡至香山售卖陶器，于德庆乡（今南文村四堡后门山）东南山边开基。因地处大岚山丘之南，乡民祈求辈出文人而取名南文村。

南文村所在的大涌镇是红木家具生产专业镇，是中国家具行业第一个获得专业镇称号的特色产业区域。由于该村有众多的华侨分布于世界各地，从而为进口大量的酸枝、花梨、波罗格等优质木材提供便利。在适应市场的过程中吸收中原文化、闽南文化中的艺术特色，逐渐形成当地独特的红木雕刻技艺。木雕工艺由过去分散的穿街过巷式发展成家族式、专业化生产模式。2003年，文化部授予大涌镇"中国红木雕刻艺术之乡"称号；2012年，大涌红木家具传统雕刻技艺被列入广东省第四批省级非物质文化遗产名录；2015年，大涌镇入选"广东省民间文化艺术之乡"。

南文村地处中国红木特色小镇核心区。岐涌路、兴涌路、葵朗路一带是红木家具名店街

2015年文博会盛况（大涌镇政府供图）

2015年中国（中山）红木家具文化博览会上展出的大涌红木家具（大涌镇政府供图）

区，全长5千米，有红木家具企业100多家，展厅商场面积100多万平方米，是大涌镇支柱产业红木家具的主要生产与展销场地。红木家具企业不断推陈出新，东成家具推出"新古典红木"理念，红古轩家具塑造"新中式红木"形象，太兴家具推出"丝翎檀雕"等系列产品。2000年，南文中拓家具公司历时3年，以《水浒传》梁山108条好汉为题材创作高3米、重4.8吨的大型酸枝木雕艺术作品，被誉为世纪红木雕刻王，并以其精湛的雕刻工艺荣登上海吉尼斯世界纪录大全。2001年，红古轩家具公司在全国众多竞标公司中脱颖而出，获得第九届全国运动会接力火炬棒的独家制作权；同年，该厂被列入广东省非物质文化遗产生产性保护示范基地。

中国（大涌）红木文化博览城坐落于南文村北面与沙溪镇濠涌交界处，总投资48亿元，占地面积近20万平方米，建筑面积80多万平方米，是省、市、镇三级政府重点项目，自2016年起，每年举办的中国（中山）红木家具文化博览会成为全国知名会展，每年吸引超50万人次参观洽谈。

中国（大涌）红木文化博览城（大涌镇政府供图）

（供稿：徐军；复核：中山市地方志办）

中山市

新市社区·五金制造

　　新市社区，位于小榄镇中心地段。南宋绍兴二十二年（1152年），中原人南迁定居于岗头村，繁衍生息，遂分为大榄村（现永宁村）和小榄村（现新市村），因新市路为村主干道，后小榄村改名新市村。

　　五金制品是小榄的传统产业。20世纪50年代以前，小榄五金制品生产均在传统手工作坊进行，这些作坊大部分集中在小榄镇旧城区（即今新市社区）一带，主要生产农具、日用小五金制品、金银首饰。小榄制造的禾镰、草镰、桑刀曾经远销香港及东南亚。1956年，在社会主义改造中，小榄手工业组社建厂，生产规模逐步扩大，技术不断提高。1973年，小榄制锁一厂、二厂相继投产民用锁。1974年，小榄机械厂设计制造出广东省第一条辊锻锄头生产线，使锄头生产实现机械化。1975年，机制锄头年产量达30万把，禾镰年产量15万张，铁制农具年产量占中山县的40%。小榄农机制造业、日用五金制品制造业也迅猛发展，并逐步过渡到机械化生产，企业数量和产品种类逐渐增多，小榄五金生产现已成为较大的工业生产门类。1972年，小榄开关厂的五金加工、电机生产、机械制造等已名扬全省。1976年，小榄制

新市社区概貌（小榄镇政府供图）

小榄企业生产的锁具产品（小榄镇党政办供图）

锁二厂首创国内"YELE"匙槽，受到国际商户欢迎。1981年，民用锁生产在小榄地区进一步发展，产品有铁皮锁、千层锁、弹珠锁、球型门锁、铁闸锁、执手锁、抽屉锁、铜挂锁、无声锁、铰锁等系列。1986年，小榄被誉为"南方锁城"。

2002年，"固力""华锋"两个品牌入选"中国四大锁王"；华帝炉具被评为国家免检产品，销售多年保持全国第一；"华锋""长青"等被评为广东省著名商标；中山圣雅伦日用制品有限公司的"圣雅伦"指甲钳系列产品的质量标准被确定为行业标准。小榄形成以锁具、燃气具为龙头，上下游产品及各类配件品类齐全的五金产业群。

2002年7月，小榄镇获得"中国五金制品产业基地"称号，这是小榄镇获得的第一个全国性产业基地称号。2004年4月，中国五矿化工进出口商会授予小榄"中国五金制品（小榄锁具）出口基地"称号。2005年11月，小榄镇成为广东省首批产业集群升级示范区——小榄镇五金制品产业集群升级示范区，获国家质检总局批准同意筹建"全国制锁产业知名品牌创建示范区"。2006年，被确认为国家火炬计划中山小榄金属制品产业基地。

锁具产品展示（小榄镇党政办供图）

2018年，小榄镇有五金生产企业5575家，行业产值256亿元，占全镇工业总产值近30%。

（供稿：何耀雄；复核：中山市地方志办）

中山市

胜龙村·脆肉鲩

　　胜龙村，位于东升镇东北部，清咸丰末年，民居聚集在胜龙涌两侧，呈"3"字形线状分布在祥胜围、聚隆围，从两围各取一字命村名胜隆。1989年4月以"隆""龙"谐音改村名为胜龙。现时经营以养殖业和工业为主。养殖业主要是养殖南美白对虾、罗氏沼虾、甲鱼、脆肉鲩鱼等水产品。脆肉鲩鱼是东升镇别具特色的农产品、东升人引以为豪的农业品牌。

　　东升脆肉鲩的外表与普通鲩鱼一模一样，肉眼难以区分，脆肉鲩除了保留普通鲩鱼的鲜美味道，还具有肉质软滑、爽脆的特点，尤以鱼肚的肉质最佳。脆肉鲩的烹饪方法很多，包括圆盘焗鱼腩、无骨鱼片火锅、酸汤鱼片、香煎鱼骨、豉汁蒸鱼腩、香煎鱼翅、葱烧脆肉鲩、蒜焖脆鲩腩、鱼肠煎蛋等"一鱼百味"菜式。

　　20世纪80年代，东升镇成功引进鱼塘养殖脆肉鲩模式。选择2—4千克的鲩鱼成鱼饲养，在25℃以上温度条件下饲喂蚕豆，经过120天以上，培育成脆肉鲩鱼。至90年代初，脆肉鲩鱼养殖逐渐在胜龙村推广。胜龙村依托水资源丰富、鱼塘连片规整等区位优势，吸引大批养殖户进驻养殖脆肉鲩鱼。2003年，东升镇在胜龙村创建无公害脆肉鲩鱼养殖基地，并被广东省海洋与渔业局认定为"广东省无公害农产品产地"，认定面积为100万平方米；同年8月，所产的脆肉鲩鱼被国家农业部农产品质量安全中心认定为"无公害农产品"。2006年12月，胜龙村被国家农业部授予"农业部水产健康养殖示范区"称号。

　　2017年，胜龙村脆肉鲩鱼养殖面积达200万平方米，年产量约4350吨，产值约10440万

胜龙村村貌（梁慧琳摄）

收获脆肉鲩鱼（赖泽鸿摄）

元，以120名专门从事脆肉鲩鱼养殖和销售的基础骨干，辐射带动数千农民致富奔小康。脆肉鲩鱼养殖业是胜龙村农业经济主导产业之一，脆肉鲩鱼塘发包是胜龙村集体经济收入主要来源。以胜龙村为重要产地的东升镇"东裕牌"脆肉鲩鱼，2003年被评为"广东省名牌产品"，2005年被评为"中国名优产品"；2006年国家农业部渔业局授予东升镇"中国脆肉鲩之乡"称号，产品远销港澳和全国多个省市。

（供稿：梁少群；复核：中山市地方志办）

胜龙村脆肉鲩鱼养殖基地（梁慧琳摄）

中山市

同安村·小家电

　　同安村，位于中山市北部，素有中山市北大门之称，隶属于东凤镇，与顺德容桂隔江相望，国道G105线广珠公路贯通其中，总面积8.9平方千米。

　　同安村依托毗邻佛山市顺德区的地缘优势，加强与顺德的交流合作，承接顺德家电产业资源外溢，发展小家电产业经济。1999年初，东凤镇政府通过加强工业园区基础设施建设，引导各村筹集资金兴建集体厂房物业，设立东凤镇企业服务中心为企业办理投产前的工商、税务证照和报建等有关手续，推动村级小工业园的发展。至2002年底，东凤镇整合总面积400多万平方米的同安工业区和安乐工业区成立同乐工业园，发展小家电等优势产业，引入主要经营各类家用电器及其配件的企业，先后进驻的知名企业包括万和电器有限公司、广东祥基电器有

同乐工业区全貌（东凤镇政府供图）

志高厨电产品（东凤镇政府供图）

限公司、中山市利德堡电器有限公司、中山市志高电器有限公司、广凌新电器有限公司、中山市美尼亚电器有限公司、广东汉诺威电器有限公司、中山市凯宇电器有限公司、中山市长晖电器有限公司、中山市维诺电器有限公司、中山市宏远工艺制品有限公司、中山市海博电器有限公司、中山市东凤镇腾兴玻璃加工厂等，在镇内形成小家电产业链上下游企业集聚区。

在同乐工业园的辐射和带动下，东凤镇家电产业蓬勃发展。2004年11月，东凤镇被中国家用电器协会授予"中国小家电产业基地""中国小家电专业镇"称号。同安村形成以同乐工业园为中心的工业片区，全村现有企业约400家，规模以上企业30家，其中小家电企业265家。2018年，全村实现工业总产值110.8亿元，村集体收入约1507万元。

广东祥基电器有限公司生产车间（东凤镇政府供图）

中山市海博电器有限公司产品展示（东凤镇政府供图）

（供稿：张杰锋；复核：中山市地方志办）

中山市

古一村·灯饰

古一村，位于古镇镇中部，始建于明代，由津边里、大街坊、三公坊组成。

灯饰业是古镇镇龙头行业，也是古镇镇的经济支柱。从1982年至今，已发展成为世界性几大灯饰专业市场之一，是国内最大的灯饰专业生产基地和批发市场。2016年，全镇拥有灯饰及其配件工商企业2.6万家，其中灯饰商户8960家；全镇灯饰业总产值190.34亿元。2002年，中国轻工业联合会、中国照明电器协会联合授予古镇镇"中国灯饰之都"称号，形成闻名世界的区域性特色经济和较具竞争力的产业集群。2016年古镇镇被确认为"中国特色小镇"。

古一村为古镇镇灯饰产业集聚区的重要组成部分，村内相继形成老桔基工业区、乐丰围工业区、蒲板工业区等规模工业区，进驻有灯饰制造、塑料加工、商贸服务等行业企业，其中灯饰产业集聚规模大，声名享誉全省乃至全国，产品畅销国内外。

新兴大道十里"灯饰一条街"（古镇镇党政办供图）

古一名汇灯饰街（古镇镇党政办供图）

集聚3000多家灯饰销售店铺的新兴大道十里"灯饰一条街"相当一部分位于古一村。村内现有古一灯饰城商业楼、古一灯饰配件城、瑞丰国际灯配城、名汇灯饰街、庆丰LED商贸广场等由村集体出资建设的专业灯饰及配件销售场所，还有多家中小型私人出资建设的专业灯饰卖场。灯饰街和各类卖场成交兴旺，成为古镇灯饰配件的重要产销集聚地。

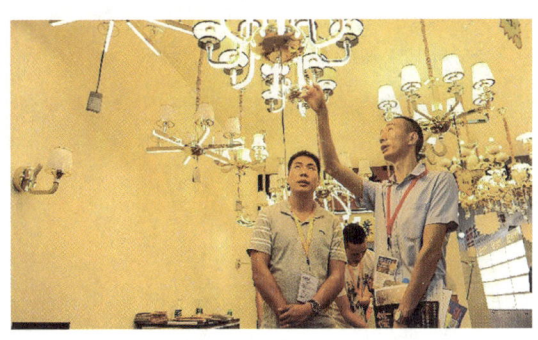

灯饰产品介绍（古镇镇党政办供图）

古一瑞丰国际灯配城（古镇镇党政办供图）

据2016年不完全统计，古一村内企业超过270家，个体商铺超过2500家，落户古一村的知名灯饰品牌企业有东方、冠明、富兴、艺华、南威、世豪、胜腾、太平洋、世豪、旭日等。

灯饰产业成为村集体和村民致富的重要途径，2016年古一村集体收入达1.8亿元，每股全年累计分红1.7万元。

（供稿：苏雪英；复核：中山市地方志办）

广东特色产业村

中山市

沙岗村·神湾菠萝

沙岗村，位于神湾镇中东部。东傍丫髻山，南望铁炉山，西临沙岗围仔坑，村东面有平山湖水库，依山傍水，环境气候怡人。

该村种植菠萝历史较长，是中山市神湾镇重要水果产区。全村菠萝种植专业户87户，年均种植菠萝104万平方米。

沙岗村出产的神湾菠萝久负盛名。1915年，神湾沙岗村旅居秘鲁华侨李国汉携带菠萝种苗回乡，在沙岗村山地试种成功后推广种植，形成今天的"金山种"菠萝。由于丫髻山海拔较高，日照充

神湾菠萝

神湾菠萝种植区（李振杰摄）

足，土壤中的黑泥白沙富含铁质，水质清甜偏碱，独特的地理条件为神湾菠萝种植提供优良的环境。

神湾菠萝跟普通的菠萝有所不同，不用沾盐水就能直接食用，而且非常甜，不带酸味，还有着淡淡的清香。神湾菠萝自然成熟季节在5—6月，果色绿黄，果眼大，果沟深，皮薄肉厚，果肉色泽金黄，肉细多汁，果心可吃，爽脆无渣，食后齿颊留香，经久不散，成为名闻遐迩的中山名特产。神湾菠萝与普通菠萝另外一个不同之处在于每棵菠萝采摘之后就要连根拔掉，第二年再种植新的，不像普通的菠萝能连续结果。

丫髻山神湾菠萝种植园一角（李燕英摄）

神湾菠萝是"中山市十佳旅游商品"之一，2004年通过广东省无公害农产品认证和国家绿色食品认证。2012年，神湾镇被广东省园艺学会授予"神湾菠萝之乡"称号，"神湾SHENWAN"菠萝商标品牌被认定为广东省著名商标。

沙岗村为神湾菠萝的主要产区，如今逐渐发展成为农业生态旅游区。每逢菠萝收获季节，市场特别兴旺，有远道而来的个体水果小贩，有附近旅游点的水果采购员，还有慕名专程到神湾品尝神湾菠萝的粤港澳游客和海外侨胞。

第十五届（2017年）中国国际农产品交易会上展出的神湾菠萝

（供稿：郑建辉；复核：中山市地方志办）

广东特色产业村

中山市

竹排村·禾虫

竹排村，位于中山市神湾镇南部，面积约3.58平方千米。明万历初年，此地已露出水面；清道光十三年（1833年）已淤成沙洲，形成磨刀门水道出海口的一个小岛，海潮冲来竹头在岛滩生长，因村民把竹串成排漂浮水面而得名"竹排沙"，后成竹排岛，地势平坦，形似榄核，河涌密布。

清光绪八年（1882年），竹排先祖定居时便形成捕食禾虫的习惯。竹排禾虫肥大浆多，品质好，美味可口。20世纪50年代至70年代，人们逐渐制作出各式禾虫制品，有禾虫干、禾虫饼、禾虫酱、禾虫油、禾虫糟等；烹饪出各种禾虫美食，有炆禾虫、生炒禾虫、钵仔禾虫、禾虫蒸蛋等。20世纪90年代后，由于农田减少、水质污染等问题，禾虫减少。2000年后，神湾禾虫的美味吸引大量外地人到竹

钵仔禾虫菜式（神湾镇供图）

竹排村村貌（黄锡源摄）

竹排村产禾虫(梁雪欣摄)

排村品尝,禾虫价格每千克超40元。村民踊跃承包禾虫滩进行禾虫护殖,出现许多护殖禾虫专业户。

2003年,神湾镇政府在竹排村建立神湾禾虫护殖基地,开展禾虫规模化、集约化护殖,保护与发展竹排禾虫特色水产品生产。2004年,成立神湾禾虫协会,镇政府组织协会成员学习禾虫护殖知识,提高护殖技术,研究护殖方法,提出保护、改良竹排禾虫生态环境的要求。镇政府组织竹排禾虫协会和经营禾虫食品饮食企业主开展开发利用禾虫传统美食探讨工作,引导饮食业开发禾虫传统美食产品。

2017年,制作神湾禾虫美食产品与烹饪神湾禾虫菜式的餐饮企业主要有竹排村的

禾虫蒸蛋(神湾镇供图)

广隆饭店和神湾镇的卖鱼添饭店、清波海鲜楼、128酒楼、肥仔林饭店、豆豉饭店、碧荷轩农庄等7家,共有从业人员177人。开发出的神湾禾虫传统美食产品主要有禾虫饼、禾虫干、禾虫酱;神湾禾虫传统菜式主要有生炒禾虫、干炒禾虫、炆焗禾虫、钵仔禾虫、清蒸禾虫、眉豆鸡脚禾虫汤等。

每年农历八九月禾虫捕捞时节,禾虫护殖专业户捕捞禾虫运到神湾市场出售,有的直接在护殖基地交易。2017年,竹排村禾虫护殖面积83.3万平方米,护殖专业户20户,产量约0.92万千克,总产值220万元,竹排禾虫供不应求。

禾虫稻种植(梁雪欣摄)

(供稿:郑建辉;复核:中山市地方志办)

中山市

北头村·广式腊肠

北头村，位于中山市黄圃镇中心区北面，北头岗山西侧。

相传，始作腊肠的是大黄圃一卖粥档主，名叫王洪（人称老洪先生）。清光绪十二年（1886年）冬季某天，天气奇冷，寒雨纷飞，王洪准备的肉料——猪肉、猪肝、粉肠卖不出去，遂用盐、糖、酒等调味料腌制肉料，将粉肠掰开成肠衣，将肉料切粒，塞进肠衣，用水草分段捆扎，悬挂于烧猪炉内烘焙。待天晴，经数日风吹日晒，耐储藏且吃起来别有风味。遂批量炮制，设档出售。因此物是肉料灌于肠衣内经烘焙制成，形如猪肠，故名腊肠。因其风味独特、耐储藏的特性，名声日噪，求过于供，大黄圃人争相仿制。清末民初，黄圃人已前往省城广州一带以及香港、澳门、海南、广西梧州、湖南衡阳和郴州等地应聘或设厂生产腊味，其中以北头村制腊味的人最多。

大规模长期制作腊味，使黄圃人渐渐总结出一套腌制配方和制作腊味花式品种的方法，也使黄圃人制作腊味的技艺闻名于世。20世纪三四十年代，黄圃人在广州市受聘或开设"沧洲""八百载"等10多家烧腊店；广州著名的"皇上皇"、香港的"荣华"烧腊味店也专聘

北头村村貌（黄圃镇政府供图）

黄圃腊味（黄圃镇党政办供图）

黄圃师傅坐案，代代相传。黄圃腊味制作技艺已成为中外驰名的名牌。

20世纪80年代初，黄圃人一度开设200多家腊味生产工厂。至2017年，黄圃镇整合成80多家具有一定生产规模的腊味生产企业，生产旺季每日可达200多吨成品，是全国最大的广式腊味生产基地，其中三分之二的企业由北头村人开办。

2000年前后，黄圃镇政府为促进腊味特色产业发展，先后开设4个腊味工业发展基地，同时提供优厚的设场办厂条件，吸引外出到四川、湖南、广州等地的黄圃人返乡生产腊味。2018年，北头村人开设的50多家腊味企业中，以得福、千腊、信诚、广城等规模最大。该村五队西坑地段有镇村规划建设的腊味食品工业区，村民开办千腊食品、

腊味生产车间一角（黄圃镇政府供图）

广城腊味、富兴腊味等18家腊味加工企业。其中千腊食品公司总资产达1亿元，产品除传统的广式腊肠、腊肉、腊板鸭、腊鱼、腊乳鸽等五大类外，还有西式香肠、三明治火腿、速冻肉丸、烟熏培根等四大类，远销加拿大、澳大利亚等国家以及港澳台地区。

黄圃镇腊味现有60多个品种，以腊肠、腊肉、腊鸭、腊鱼、腊金银润、关刀肉、凤凰盏、腊鸭肠、鸭扎包等品种销量最大。黄圃腊味虽是品种多样，食法不同，然而传统的食法仍是饭面蒸腊味、腊味糯米饭（煲仔饭）、腊肉炒菜（瓜）、腊鸭炆芋（茨）仔、腊味芋头糕等。2004年，黄圃镇被中国食品工业协会授予"中国腊味食品名镇"称号。2006年，黄圃腊味被确认为国家地理标志产品。

黄圃腊味销售

（供稿：冼云嫦；复核：中山市地方志办）

江门市新会区

仓后村·小冈香

仓后村，是新会区双水镇南水行政村下辖的一个自然村，位于双水镇西北部。明洪武年间，戴氏先祖从佛山南海迁衙前大鹰山脚下，后迁天台立村（今小冈）。因当时官府在衙前一带设郡，并建有粮仓，村址坐落于粮仓后面，而取名仓后村。2015年末，全村总产值313万元，人均年收入10129元。

双水镇是驰名中外的"中国香业产业基地"，是全国三大制香基地之一，拥有600多年的制香历史。仅小冈片区方圆30平方千米的范围内，就集聚了制香企业和配套企业（原材料、包装材料、制香机械）1200多家（2017年统计），同时带动周边2万多人就业，年产量约占全国的40%。时至今日，坊间仍流传着"有华人的地方，就有小冈香"的说法。

小冈香制作不仅是仓后村传统技艺，也是双水镇的传统特色产业。明初，因民间祭祀、戏班祭台所用香品都需从外地购进，交通不便，时有阻滞。村妇戴氏见当地有制香材料，便萌发自制的念头。她利用木屑、柑皮和当地称为"香叶树"皮的植物香料，研碎搅和，用细竹条搓制。成功后，村民纷纷效仿，遍及整个小冈，形成了小冈特有的以妇女为主体的家庭式制香手工作坊和具有小冈特色的戴氏手搓香制作技艺，并经母传女、婆传媳一代代传承下来。后

晒香（林国强摄）

小冈香业城（新会区地方志办供图）

来，小冈制香业成行成市，由家庭作坊生产发展为企业生产。天台（今小冈地区）成为"小冈香"的发源地。

2010年，小冈制香业被评为全国首个"中国香业产业基地"。2013年，小冈香制作技艺被列入广东省非物质文化遗产名录。2016年，第一届"新会小冈香文化节"在小冈香业城举办，同时发布《新会小冈香文化产业发展规划》。2017年，新会区选取双水镇小冈片区的衙前村、仓前村、仓后村所属的南水行政村、北水村部分区域作为香业特色小镇建设基地，规划面积515万平方米。

小冈香制作（新会区地方志办供图）

淋香（廖灿桐摄）

制香现场（新会区地方志办供图）

（供稿：双水镇政府；复核：新会区地方志办）

注：今日的小冈地区明代称"天台"，曾为义宁县（隋朝设立）故治，"小冈"在2002年前是小冈镇，2002年小冈镇并入了双水镇，成了双水镇的一个居民社区。天台又有广义和狭义之分，广义的"天台"是指旧天台地区，管辖范围较广，大致相当于原小冈镇管辖区域；而狭义的"小天台村"主要包括今日的南水、北水行政村。

江门市台山市

朝中村·黑皮冬瓜

朝中村，位于冲蒌镇东部。耕地面积82万平方米，以种植水稻为主。因水源充足，灌溉非常方便，土地肥沃，是生产蔬菜的好地方，被广东省农业厅认证为"无公害农产品"的生产基地，也是江门市特色农业黑皮冬瓜生产基地。

黑皮冬瓜并非江门原生的蔬菜品种，于20世纪80年代引进。冲蒌镇一带具有非常适合其生长的自然条件。当地种植的黑皮冬瓜根系发达、植株长势强、产量高、产品个头大、品质好、耐运输。一般亩产5000千克左右，高产的可达1万千克。鲜瓜加陈皮、黑豆或红豆，煲汤可消热解暑，食用冬瓜可促进体内脂肪转化为热能，具有减肥、美容的功效，是理想保健食品。当地政府十分重视黑皮冬瓜的种植和销售，引入一批流通中介企业帮助扩大市场。如今，台山市黑皮冬瓜种植面积为2000万—2667万平方米，年产值近1.4亿元。

朝中村出产的黑皮冬瓜质优色润，外体均匀，肉厚皮薄质密，清甜爽口，市场采购价比其他地方的要高0.2—0.4元/千克。因此，当地农户种植热情高涨，全村400多户，约有80%都

朝中村黑皮冬瓜基地（台山市地方志办供图）

黑皮冬瓜（台山市地方志办供图）

种植黑皮冬瓜，高峰期几乎全员参与，户户都有种植，全村种植面积33万多平方米。

为深化发展，冲蒌镇委、镇政府制定"抓特色、创品牌、促流通"的经营理念，积极推广种植优质黑皮冬瓜，同时加强对农户进行种植技术培训，推广无公害生产。如今，以冲蒌镇为主导形成的"黑皮冬瓜生产技术规程"已由江门市质量技术监督局认定为江门市地方标准，并成为省市有关无公害农产品生产的技术规程。2003年，成功申领"冲蒌"牌商标，并通过国家无公害农产品认证，大大提高了冲蒌黑皮冬瓜的知名度。冲蒌农副产品流通协会充分发挥协会的桥梁纽带作用，在客商和农户之间搭桥牵线，全国20多个省、市、自治区的客商纷纷慕名而来，采购黑皮冬瓜。

黑皮冬瓜收购现场（冲蒌镇政府供图）

2007年，台山黑皮冬瓜获得了"广东人民最喜爱的土特产"称号，产品远销北京、上海、山东、杭州、福建、湖南、湖北、四川、重庆、香港、澳门等地和美国，是全国著名的土特产。

（供稿和复核：台山市地方志办）

江门市台山市

莘村·水稻

莘村，位于都斛镇的北部，背靠北峰山，面朝南海。该村始建于明代，有耕地307万多平方米，其中水田261万平方米，旱地44万多平方米，主要种植水稻，兼种蔬菜、木薯、花生等经济作物。

1995年以来，台山市不断加大对农业生产的投入，按照"田成方，树成行，渠相近，路相连，灌得进，排得出"的高标准进行农田改造，创建了高产稳产的都斛镇万亩水稻示范田，被誉为"广东第一田"。

在广东省粮食平均自给率仅33%的水平下，台山是广东少有的粮食自给有余的县市。广东省国土资源部中国地质调查厅、中国地质调查局对珠三角富硒土壤的调查报告显示，由于台

莘村稻田（都斛镇政府供图）

"禾海稻浪"水稻田生态文化主题园入口(李志栋摄)

山的几个主要粮产地都属于填海区,因此拥有富硒优质土壤,土壤硒含量在广东省排名第一,且产区内无重金属污染,达到国家一级、二级土壤标准。台山得天独厚的资源优势、优越的自然生态环境,是当地生产优质绿色大米的保证。

如今,台山市正在都斛镇建设广东首个水稻主题园——"禾海稻浪"水稻田生态文化主题园,该文化主题园就位于莘村,面积692万平方米,计划投资超亿元,打造集农业示范、农耕体验、科普教育、旅游观光、休闲娱乐、温泉度假于一体的水稻田生态文化主题园。

(供稿和复核:台山市地方志办)

"广东第一田"美景(台山市地方志办供图)

阳江市江城区

司塅村·眼镜

　　司塅村，位于岗列街道南部，面积约 2 平方千米。明永乐年间开基立村，由于战乱南迁的司徒氏家族经广东南雄珠玑巷、广州高第街、新会水东石坑村辗转迁居于此，因村居建在江边临水之地，故取名司屋塅村，又称司塅村。

　　司塅村传统经营以农业和渔业为主，主要种植水稻、番薯、蔬菜，渔业主要以浅海、内河围网捕鱼为主要作业方式。织布网是该村特有的手工业，全村家家户户都有织布网机，制作布网成品出售，是开创眼镜业之前村民的重要经济收入来源。司塅眼镜业开创于清光绪七年（1881 年），至 2019 年已有 138 年历史。

　　清光绪七年，16 岁的司徒氏二十三世孙司徒懿颜因父亲出海经商遭遇海难，只好自谋生计，拜一位擅长修理眼镜、钟表、雨伞等的游僧为师学艺，后以修眼镜、卖眼镜为生，从此

司塅村一角（江城区地方志办供图）

开创了司墟村的眼镜业。经代代相传、艰苦奋斗，经历了创始期、沿街抖笛（即手持数枚铜钱在手中抖响，用以招揽生意）、成立眼镜生产组、开店铺、办公司五个阶段，由昔日的背箱串巷、街边摆摊的传统经营模式发展成如今规模化、专业化、产业化的现代经营模式。仪器设备越来越先进，同时还培养配备了一批高技术、高素质人才。经营品种由单一的老花镜拓展到款式多样、精美时尚、品质优良的老花镜、近视镜、散光镜、太阳镜等，并提供验光配镜、零售批发、售后维修保养"一条龙"服务。眼镜行业的从业队伍也越来越大，由原来的几个人发展到如今的1000多人。

如今，司墟人的眼镜公司（店）有200家，分布于省内外，年产值超亿元。其中，联合大众眼镜有限公司创建于1998年，总部设在广州，逐步向全国辐射，是国内销售规模、门店数量领先的眼镜连锁零售企业之一。至2016年12月，拥有50家连锁门店，经营面积3000多平方米，经营网点遍布阳江、广州、梅州、韶关、深圳、湛江等20多个城市。2016年3月，公司成立阳江地区唯一的眼保健非营利机构——大众近视弱视研究所，致力于改善市民的视觉健康。现公司已通过ISO9001国际质量体系认证，是广东质量诚信品牌企业，也是全国眼镜行业的名优企业。眼镜业已发展成为司墟村的支柱产业和特色产业，司墟村也成为著名的中国眼镜之乡，被载入《中华眼镜大典》。

联合大众眼镜店门面（江城区地方志办供图）

联合大众眼镜店店内场景（江城区地方志办供图）

（供稿：莫丽眉；复核：江城区地方志办）

阳江市阳东区

柳西村·双肩玉荷包荔枝

柳西村,位于雅韶镇东北部,处于阳东沿海丘陵地带,背靠海拔351.4米的崖鹰山脉,坐北向南。

双肩玉荷包荔枝是阳东县农业科研人员选育出来的荔枝优良品种,当地又称"长叶子""双关子"。双肩玉荷包荔枝4月开花,7月成熟上市,果大呈圆形,皮色红较薄,果肉白里透红,肉质嫩而爽脆,肉厚、味甜、汁多,深受人们欢迎,除在国内销售,还出口东南亚、欧盟国家、美国、新西兰等。

双肩玉荷包荔枝(阳东区地方志办供图)

柳西村村貌(阳东区地方志办供图)

成熟的荔枝（阳东区地方志办供图）

1999年，柳西村抓住阳东县委、阳东县政府"三年果化阳东"的号召，大力发展水果生产，在该村45°以下山坡地、荒坡地、路边地、五边地都种植了水果。2015年，全村总计水果示范区面积达167万平方米，种植品种主要是荔枝、龙眼。荔枝品种以双肩玉荷包为主，还有糯米糍、桂味、白糖罂、妃子笑等。龙眼品种主要是储良和石硖。柳西村成了远近闻名的水果专业村。

以柳西村为基础、为龙头，双肩玉荷包荔枝在2001年中国国际农博会上被评定为名牌产品；2002年7月，阳东县被农业部评定为"南亚热带作物名优基地（荔枝）"；2005年4月，被中国经济林协会评为"中国双肩玉荷包之乡"；2005年，"双肩玉荷包"荔枝获得农业部"无公害产地""无公害产品"两项认证；2012年2月，阳东"双肩玉荷包"荔枝成功注册地理标志证明商标。为了扩大销路，2008年，柳西村建成佳声水果交易网站。目前，已申请注册"柳西荔枝"商标。

产业的发展带动了村场的建设。2000年，柳西村按照广东省生态示范村的标准和要求，高起点规划，高标准建设村场。规划了生活居住区、观光果园区、生态林区、娱乐休闲区、生产服务区等五个环境功能区，并按规划分三步进行分期建设。

荔枝标准化生产基地一角（阳东区地方志办供图）

（供稿和复核：阳东区地方志办）

阳江市阳春市

高垌村·马水桔

高垌村，位于圭岗镇南部，地处山间谷地，距镇政府15千米。高垌村种植柑桔历史悠久，盛产马水桔。2011年该村被国家农业部评为"全国一村一品示范村"。

马水桔又称阳春甜桔，是广东省阳春市传统名水果。其原产于阳春马水镇塘岩村，此地土壤结构独特，半沙半泥，土质松软肥沃，十分适合马水桔生长。马水桔在我国已有300多年种植史，其形状圆润、色艳、皮薄、汁多、无核、化渣，清甜可口，清热润肺，利水祛湿，是经认证的无公害岭南佳果，被评为"广东四大名桔"之一，名扬粤港澳，畅销东南亚。

马水桔是一种高产桔，果实饱满，七八个就有500克，树苗种下后4年即可挂果，1棵树龄6年以上的果树，一年可收果100—150千克，可连收20年。每到成熟季节，满树金黄，香气扑鼻。

高垌村村貌（阳春市地方史志办供图）

马水桔基地（龙敏摄）

马水桔有"十月桔"和"年桔"两个品种。十月桔在农历十月下旬成熟，年桔在农历十二月前后成熟。年桔上市时，正好是春节前夕，故成为必备的年货；也用于探亲、祭祀，图新春大吉、大吉大利的意头。

高垌村所在的圭岗镇地处阳春市西北部，是个"八山一水一分田"的典型山区镇。2000年起，高垌村利用山地优势，在全村范围内掀起了种植柑桔的高潮，柑桔已成为该村的特色产业。2005—2008年，高垌村805户，家家种植马水桔，全村共种植马水桔100多万平方米，最多一户种植了53330多平方米，山头、坡地、农田、屋前屋后均种上了马水桔。2008年，全村马水桔产值700多万元，户均年收入8.7万元；做到了"人均一亩果，一户一果园"，高垌村因此成为马水桔的"特色产品村"，圭岗镇也因此成为"中国优质马水桔基地镇""广东省柑桔专业镇"。

马水桔包装外销（植兰裕摄）

（供稿：张文；复核：阳春市地方史志办）

阳江市阳春市

蟠龙村·春砂仁

蟠龙村,位于春城街道东北部,距街道办事处约12千米,地形为东北狭窄、西南开阔,四面环山,蟠龙河贯穿东西。该村主要经济来源是种植春砂仁。春砂仁以阳春蟠龙金花坑出产的为最佳,所产砂仁肉肥圆,气味芬烈,尾端有一小粒封底。清乾隆年间曾被列为贡品,唐代甄权著《药性本草》和2010年版《中国药学大辞典》都有记载,属于国家卫生部公布的药食同源食品。用于调食,可蒸煮煲炖各种禽畜鱼肉类;味道芳香,又能开胃消滞、补肺益肾;春砂仁根煲老母鸡,有理气安胎之效。

传说很久以前,阳春县蟠龙村附近的羊群因拉痢大量死亡,唯独蟠龙村的羊群安然无恙。人们感到很奇怪,便跟踪这群羊,仔细观察,发现这群羊天天路过金花坑畔,那里总是有一个小女孩等着这群羊,并用坑边的一种类似姜苗的植物喂饲。这种植物根部结满了果实,发出阵阵异香,人们采之食用,发现果然能治痢疾。这就是今天被称为"砂仁"的中药材。

2000年,阳春市科技局和春城镇(2005年撤镇设立春城街道)在蟠龙村建成阳春砂仁

蟠龙村村貌(春城街道办供图)

采摘春砂仁（蓝军摄）

规范化种植示范基地。这是国家中药现代化研究所建立的砂仁种植产业化研究基地，也是广州中医药大学砂仁种植科研基地。2018年，该基地的春砂仁种植面积达到233万平方米，已经挂果的春砂仁种植面积有67万平方米，总产值900多万元。蟠龙村800多户中有200多户种植春砂仁，种植面积达113万平方米，总产值300万元。

春砂仁喜湿，怕涝，忌旱，是半阴生植物，喜欢漫射光，忌阳光直射，1—2年生苗要求荫蔽度70%—80%，植株进入开花结果期，荫蔽度以50%—60%为宜。阳春

春砂仁（春城街道办供图）

砂的生长环境一般是在中间有水流的两山之间的谷地，或一面开阔，三面环山的簸箕形山窝地，且水源条件要好，要求水质达到GB 5084—1992二级以上标准。

春砂仁在自然情况下结实率一般只有5%左右，采用人工辅助授粉，结实率可提高到30%—60%。授粉时间是开花期每天早上8:00—12:00，阴天授粉时间可延迟至下午4时。在5月初至5月20日前砂仁开花初期至中期，是人工辅助授粉重要时期；5月下旬，蓝彩带蜂活动频繁，应减少人工授粉甚或停止人工授粉，以免影响蓝彩带蜂活动，更有效地提高结实率。

春砂仁干果（阳春市地方史志办供图）

（供稿：张文；复核：阳春市地方史志办）

阳江市阳西县

鸡㛢塘村·远洋捕捞

鸡㛢塘村，位于织篢镇东北部，坐落于海拔约150米的鸡㛢岭西麓，处于丘陵地带，距今有500多年历史。村后的洋边河中有一供渔船停泊的小码头。

20世纪70年代前，鸡㛢塘村是一个半渔半农自然村，村民靠耕田种地和浅海捕捞为生，渔业以人工摇橹船、驶帆船、划桨船到浅海、洋边河从事鱼、虾、螺捕捞等作业为主。改革开放后，村民纷纷投入海洋捕捞业，鸡㛢塘逐渐转变成为纯渔业自然村。1985年，村民林进栈开创股份制发展海洋捕捞的新路，合股经营渔船，使村中海洋捕捞业得到迅猛发展；2005年全村单艘渔船的最高产值达到290万元，最低的也有120万元，全村实现纯利润5000万元，人均纯收入5.48万元；村中家庭资产超500万元的有20户。

为适应海洋渔业发展的需要，村民实施科技兴渔，将木质渔船更新为钢壳船，配备先进捕捞设备；同时，调整作业结构，大力发展深海流刺网作业和岸上水产加工。村民林进栈、林织

鸡㛢塘村村貌（张德逊摄）

村民在编织渔网（张德逊摄）

兄弟于2005年创建了广东顺欣海洋渔业有限公司，拥有渔船91艘，投资经营渔船225艘，并建立了渔网厂和水产品加工厂，推进渔业产业化经营，带领村民共同致富；2008年，成立阳西顺兴流刺渔业专业合作社，进行科学管理，有组织地开展海洋捕捞，促使生产效益成倍增长。在从事海洋捕捞的同时，村民们也大力发展水产养殖。近年来，鸡蚌塱村因地制宜，充分发挥靠海的地缘优势，转变观念，制定了以海洋捕捞为重点、带动海水养殖业发展的策略。至2018年，全村共有虾、蟹养殖场200多万平方米，全村村民年收入共300多万元。

今后，鸡蚌塱村将依托现有的渔业资源，扩展渔业的生态和休闲功能，将渔业休闲和农业休闲有机结合，在村中建设休闲山庄，发展渔业观光、休闲垂钓，打造以渔为媒，集旅游、休闲、娱乐、餐饮为一体的休闲娱乐场所。一方面，通过第三产业来促进村中经济发展，带动村民就业；另一方面，通过以山水、休闲渔业为主题，全力打造鸡蚌塱文化、休闲、生态三大旅游品牌，深化游客对当地疍家文化的体验，提高村镇历史文化底蕴，为建设文化村镇做铺垫。

（供稿和复核：阳西县地方志办）

村内"海之子"雕塑（曾志云摄）

阳江市阳西县

红光村·程村蚝

红光村，位于阳西县程村镇东南部，地处丘陵地带，北面依山，南面临海，海岸线长2.8千米，面积5平方千米。红光村有天然红树林400多万平方米，这不仅为红光村带来了阳江市独一无二的乡村特色景观，而且为全村进行生蚝养殖提供了绝佳的条件。

程村镇洋边海养殖的蚝称为程村蚝，特点是生长快、体型大、肉质淳厚、无污染、味道鲜美。中华人民共和国成立后，阳江县政府在红光村成立阳江县海水养殖场——程村蚝场，有员工100多人。改革开放后，程村镇群众逐渐发展私人养殖。1996年，国营蚝场破产，群众开始大规模自由养殖。红光村位于洋边海北面一个"布袋"形海湾边，湾内风平浪静，水流畅通，咸淡水交汇，饵料生物丰

程村蚝（谢锦秀摄）

红光村村貌（程村镇政府供图）

红树林（阳西县地方志办供图）

富，有着蚝生长的绝佳营养环境，同时，红树林的落叶分解之后转化成的单胞藻，是蚝的理想食物，红光村因此成为远近闻名的蚝乡，养蚝历史约有180年，全镇的程村蚝养殖区主要集中在红光村，全村80%以上的村民从事养蚝业，现全村从事养蚝业的有9000人（包括外来务工人员）。

2016年，红光村产鲜蚝5.5万吨，总产值达3.27亿元，村集体经济收入达到60万元，村民人均纯收入约13000元。2017年，红光村新增养蚝面积800万平方米，总面积达2001万多平方米。

程村镇将以养蚝产业为依托，大力发展生态观光旅游业，配套规划好红光村"程村蚝特色饮食街"，使程村蚝与红树林品牌相得益彰，实现旅游饮食一体化融合式发展。

（供稿和复核：阳西县地方志办）

蚝码头（谢锦秀摄）

湛江市雷州市

流沙村·流沙南珠

流沙村，位于覃斗镇南部，现有土地面积3.8平方千米。村临海湾，背风向阳，空气新鲜，海上成片的珍珠养殖场、鱼排星罗棋布，跟岸边一座座小洋楼相互映衬，又融为一体。

流沙村曾经是北部湾畔一个不起眼的小渔村，地处沿海砂质土壤平原地带，聚落呈方块形分布，属雷州半岛南部一个天然深水避风良港——流沙港，1986年被列为中国重点港口。1988年，国家在流沙港建立二级口岸。1990年，流沙港工程被国务院列入"八五"规划，批准建设一个5000吨的货运码头，并开通与海南省临县红牌码头对开的轮渡。流沙港屏障好，风浪小，回淤少。水下为砂质结构，水质优良，温度适宜，具有养殖珍珠得天独厚的优势，已成为中国著名的珍珠养殖基地。

流沙珍珠（雷州市党史市志研究室供图）

流沙村村貌（雷州市党史市志研究室供图）

珍珠产品制作（黄华荞、黄忠杰摄）

流沙村自40多年前开始人工养殖珍珠贝，后来几乎家家户户都加入这一行业。在20世纪80年代的高峰期，年产珍珠30多吨，出口至全球50多个国家和地区。如今珍珠贝的养殖技术已在北部湾一带推广，有"中国珍珠第一村"之称的流沙村转向珍珠加工行业。湛江的珍珠产量占南珠的70%左右，其中大部分在流沙进行加工。流沙一带，集中了80多家珍珠加工厂，中国南珠90%在流沙集中加工后出口到世界50多个国家和地区。流沙是国际珍珠价格的晴雨表。

流沙村已形成制造珍珠的完整流水线，从一颗小米粒大的珍珠贝苗孵化开始，直到取珠加工，全过程有序进行。在流沙村的孵化池中，有一排排的吊片悬浮在海水中，像是人工渔礁，让珍珠贝幼苗附在上面生长，大约50天，珍珠贝幼苗又被送到置于大海中的网箱里养殖，一年后进行人工植核；植核后再把珍珠贝放入海中，一颗珍珠就慢慢地在其中孕育出来，一般养殖两年后开贝取珠。

在这个"中国珍珠第一村"，几乎涵盖了和珍珠有关的各个环节：养殖珍珠贝、办珍珠贝苗孵化场、从事珠宝首饰加工、珍珠贝壳加工。从珍珠到贝肉，乃至珍珠贝的贝壳都能物尽其用。在流沙，有人专门收购贝壳，做成夏天用的凉席，非常清凉；贝壳内的珍珠粉也是化妆品的原料；也有人把贝壳雕成艺术品出售。如今，流沙正全力打造珍珠孵化养殖加工一体化基地，采用"公司+基地+农户"的模式，使珍珠的养殖和加工更趋于专业化。

（供稿和复核：雷州市党史市志研究室）

流沙湾扇贝养殖基地（雷州市党史市志研究室供图）

湛江市雷州市

铺前村·热带水果

铺前村,位于覃斗镇西南部。古时,由于靠近驿道,村民在村前设有商铺,专供过往客商饮食居住而得名铺前村。该村地处丘陵地带,三面皆有小山坡,至今已有200余年的历史。

铺前村的特色产业是芒果、龙眼等热带水果以及辣椒、豆角等北运菜。2002年,铺前村成立了专业种植协会,2012年改为合作社,现有社员167人,实行股份制,统一安排农业种植,以产销"一条龙"模式发展。村里的200多万平方米土地,包括石头地也不留空隙,短短的10年间就创建起蔬菜、水果示范基地,村民走上致富奔小康之路。铺前村现有芒果标准化果园93万多平方米,青枣标准化园地40多万平方米,芒果加工及北运菜冷冻库1000多平方米,农贸市场2000多平方米,芒果加工及北运菜储藏仓库1000平方米,良种繁育基地1.1万平方米。村合作社除了在种植方面提供种子、农药、肥料和技术指导,还在销售方面保持渠道畅通,让村民不为卖菜发愁。10多年来,合作社从事水果种植、良种繁育,加工、流通、销售初具规模,创造了较高的经济效益。以铺前合作社为中心,辐射周围20多个村庄,成为热

铺前村村貌(雷州市党史市志研究室供图)

芒果丰收（雷州市党史市志研究室供图）

带水果之乡。

在铺前的特色产业中，最出名的要数铺前芒果，是"国家原产地域保护产品"——覃斗芒果中的佼佼者。覃斗芒果质好、味香，可与吕宋芒果媲美，远销港澳和东南亚市场。覃斗镇冬暖春旱，光照充足，土壤多为沙砾地，适宜芒果生长。1995年，覃斗紫花一号芒果荣获第二届全国农业博览会银质奖（水果系列最高奖项）；1996年，覃斗镇被授予"中国芒果之乡"称号；2004年，

果农在查看芒果生长情况（雷州市党史市志研究室供图）

覃斗芒果被国家农业部认定为无公害水果；2005年4月，覃斗芒果被国家质检总局原产地域产品保护审查专家组认证为"国家原产地域保护产品"；2005年8月，经国家质检总局批准，覃斗芒果被确认为国家地理标志产品。

（供稿和复核：雷州市党史市志研究室）

湛江市遂溪县

官湖村·土猪养殖

　　官湖村，位于遂城镇东北部，距镇政府7千米。村庄依山傍水，历史悠久，民风淳朴。全村有278户，人口1500多人，耕地面积73万多平方米，林地面积120万平方米。村民以种养为主要经济产业，其"壹号土猪"闻名省内外。

　　近年来，在该村土生土长的爱心人士、著名企业家、广东壹号食品有限公司董事长陈生的大力支持下，官湖村以建设广东省美丽乡村为目标，积极实施美丽乡村建设规划，经济产业和宜居环境建设呈现出勃勃生机。

　　2012年，陈生把"壹号土猪"品牌产业带进官湖，投资1.5亿元建成年出栏生猪8万头的"壹号土猪"官湖养殖基地，实行"公司＋基地＋农户"的生产模式。官湖村有110多户村民与公司合作养猪，每户每年可获纯收入10万—20万元。为了保护生态，官湖村在大型养猪基地建起了养殖场畜禽污水深度处理站，排水执行农业灌溉标准。同时有70多户村民种果树，每户每年可增加收入5万—10万元。村民通过与公司合作养猪、种果，既解决了就业问

官湖村村貌（许守荣摄）

题，增加经济收入，又解决了曾经的农村家庭老人和孩子（留守儿童）照顾难问题，村民的幸福感得到极大的提升。2018年，全村农民人均可支配收入22630元，村集体收入30多万元。

2014年，陈生投入资金2亿元，建设官湖生态宜居美丽乡村。全村统一规划布局，建设新村场和改造旧村场，总面积约19万平方米。2018年3月，建成第一期别墅型新民居69幢138套赠送给村民居住，同时还建成小学、幼儿园、村办公楼、文化戏楼、河堤、广场、景观湖、公园等相关配套设施。村庄布局合理，村容整洁美观，生态环境优美有特色，发展乡村旅游前景广阔。

官湖村"壹号土猪"养殖基地（许守荣摄）

壹号土猪猪舍（遂城镇政府供图）

目前，官湖村以建设乡村振兴战略示范村、打造国家级文明村庄为目标，进一步推动产业发展，按照"一村一品"模式，提高农业产业发展质量。同时加快生态宜居环境建设，改造旧村场，建设第二期别墅型新民居。以乡风文明为保障，塑造美丽乡村新风貌，积极推进乡村旅游业发展，推动生态宜居、和谐美丽的国家级文明村早日建成。

（供稿：遂城镇政府；复核：遂溪县地方志办）

官湖村别墅型新民居（许守荣摄）

广东特色产业村

湛江市遂溪县

货湖村·铁皮石斛

货湖村，位于港门镇中部。全村耕地面积233万平方米，主要种植水稻、红萝卜、甘蔗、果蔗、北运蔬菜等，其中铁皮石斛是当地的特色产业。

石斛原生于南方沿江高湿阴坡或微酸性岩峭壁，在传统中药中被列为"九大仙草"之首，是梅兰芳先生护嗓养生的最爱，也是当年周恩来总理送给胡志明的珍贵礼物。货湖村有着中国最南端的铁皮石斛种植基地，基地与浙江大学紧密合作，由浙江大学进行铁皮石斛的选种、育种、栽培研究。目前种植规模达4万平方米。

铁皮石斛（遂溪县地方志办供图）

铁皮石斛种植基地（遂溪县地方志办供图）

货湖村铁皮石斛种植（遂溪县地方志办供图）

货湖村的铁皮石斛药用价值特别高，主要是因为这里的石斛中多糖含量高达63%，平均多糖含量高于30%，远高于国家药典标准。多糖是石斛中最重要的活性物质，石斛的奥秘尽在其中，食石斛，在于石斛多糖。现代药理学研究表明，石斛多糖具有显著的抗氧化、调节免疫及降血糖等作用。货湖村铁皮石斛富含多糖的特有现象则要归功于货湖村独特的地理位置和环境。

中国科学院植物研究所的研究数据表明：铁皮石斛可溶性多糖积累与昼夜温差有直接关系。在日温30℃、夜温20℃条件下栽培，可降低呼吸速率，可溶性多糖积累量增加。湛江有近10个月的时间满足可溶性多糖积累的温度要求，是货湖村石斛生长最珍贵的外部环境。

石斛生长除了对温度有要求，对环境和技术要求也非常高。货湖村石斛种植基地从种植石斛的第二年起，每天有专人巡察大棚3—5次，清理黄叶、烂叶。当温度过高或湿度不足时，需打开自动灌溉系统。如发现棚内有虫，值夜班的工作人员需把特制的瞬间感应灭虫灯具打开，吸引、杀灭害虫，对部分害虫实行人工除灭。

货湖村铁皮石斛（港门镇政府供图）

货湖村石斛的种植起源于2005年，是村委会与村民共同筹办的扶贫项目。2013年，货湖村成立了石斛合作社。如今的货湖村不仅铁皮石斛产业发展得如火如荼，其番薯、冬瓜等农产品也逐渐引起社会和媒体的关注。

（供稿：港门镇政府；复核：遂溪县地方志办）

湛江市遂溪县

港门村·港门瑶柱

港门村，位于港门镇偏北，距镇政府1千米。有水田20万平方米，山（旱）地373万平方米。村民主要经济来源是种植番薯、甘蔗和养殖瑶柱。

港门镇特色产业为瑶柱养殖。瑶柱，俗称干贝，是多种贝类闭壳肌干制品的总称，古代是进贡皇室的珍品。其因味道鲜美被列作"海八珍"之一，素有"海鲜极品"的美誉。港门瑶柱是驰名省内外的名优特产。

遂溪县有147千米的海岸线，盛产多种名贵海产品。每年的七八月份，是扇贝收获时节。在离港门镇石角码头几千米的海面上，有遂溪县最大的扇贝养殖区域之一，这里水质好，深海微生物较多，饵料充足，无污染，适合养殖墨西哥湾扇贝。

扇贝（遂溪县地方志办供图）

打捞扇贝（遂溪县地方志办供图）

湛江市遂溪县·港门村·港门瑶柱

港门瑶柱（遂溪县地方志办供图）

打捞扇贝时，工人们需要站在船边，用力将海里沉重的扇贝笼拉起来，解开绳结，一笼笼堆放在船上。运回来的扇贝，需要开螺的工人将其洗干净，把裙边和胃挑开，取出白色的扇贝柱，放在锅里煮熟，天晴时晒干。

港门村曾是远近闻名的贫困村，近年来精准扶贫为这个村子带来了显著的变化。村委会带领村民做大做强特色瑶柱产业。不仅加强瑶柱产品的品质、包装、销售等，还积极拓展电商销售渠道，通过与网站平台合作、积极培训村民网上销售技巧等方式促进港门瑶柱走出港门，走向全国。2017年，港门瑶柱被评为湛江市"十大电商扶贫明星产品"之一。

瑶柱加工厂（遂溪县地方志办供图）

（供稿：港门镇政府；复核：遂溪县地方志办）

湛江市遂溪县

油河塘村·罗非鱼

油河塘村，位于河头镇西北部，距镇政府8千米。因有村民在此建油行（榨油厂），"油行"与"油河"谐音，故名油河塘村。

罗非鱼为一种中小型热带鱼，原产于非洲，属于慈鲷科，和鲈鱼相似。现在是世界水产业重点科研培养的淡水养殖鱼类，且被认为是未来动物性蛋白质的主要来源之一。其通常生活于淡水中，也能生活于不同盐分含量的咸水中，还可以存活于在湖、河、池塘的浅水中，有很强的适应能力，且对溶氧较少之水有极强的适应能力。罗非鱼的肉味鲜美，肉质细嫩，无论是红烧还是清烹，味道俱佳。

遂溪县属热带季风暖湿气候，日照时间长，雨量充足，全县年平均气温23℃左右，20世

油河塘村村貌（河头镇政府供图）

罗非鱼（遂溪县地方志办供图）

纪50年代引进罗非鱼养殖。2011年，油河塘村（罗非鱼）被农业部评为"全国一村一品示范村"。目前，油河塘村养殖罗非鱼水面面积1.3万平方米，亩产1300千克左右。油河塘村水源清洁，山清水秀，加上当地养殖罗非鱼习惯投用部分草料，既节约了养殖成本，又改善了罗非鱼的肉质，增加了香味，令当地的罗非鱼成为市场上的抢手货。依托恒兴水产科技有限公司完善的"种苗繁育—饲料生产—水产养殖—水产品加工—国内外贸易"产业链和资源优势，有效地解决了养殖户卖鱼难的后顾之忧，带动起农户养殖罗非鱼的积极性，提高了村民的收入。

捕捞罗非鱼（李忠摄）

（供稿：河头镇政府；复核：遂溪县地方志办）

湛江市遂溪县

下六村·下六番薯

下六村,隶属于草潭镇。该村种植的番薯与其他地方出产的味道不同,别有一番风味。因产地为下六村而得名下六番薯,以香、甜、粉、嫩、爽、滑六大特点而闻名,曾获得"湛江旅游优秀产品"称号,是"遂溪三宝"之一。

下六番薯种植历史悠久,相传在明代已开始种植,特别是在20世纪50年代,县、镇两级干部带领群众在沿海的路塘村与旧庙村之间的海滩修建堤围,将茫茫海滩变成万顷农田,当地群众利用该片农田春种水稻、秋种番薯,延续至今,发展形成如今下六番薯独特的品质和特有的薯味,成为湛江市名优特产之一。

下六番薯生鲜薯光滑无皱痕,少凹陷,少虫皮,质地水润细腻甜脆;煮熟时薯皮微裂开,易剥离,香甜浓醇,无渣无根,对改善肠胃功能有一定的功效,深受大众喜爱,常常供不应

下六番薯(草潭镇政府供图)

百亩种植良田(草潭镇政府供图)

村民收获番薯（草潭镇政府供图）

求，是当地农民的主要收入来源之一。目前下六番薯的主要品种有大叶红、小叶红和天鹅薯三种，大叶红番薯的口感较香，吃起来粉而不腻；小叶红番薯的肉质比较细，虽然水分不多，却又甜又滑；天鹅薯则皮白肉粉，吃起来相当爽口。

下六番薯主产区在下六、南洪等村，多年来，由于经营方式落后，农民把番薯当成"路边货"低价出售，下六番薯可谓"身贵命贱"。为提高产业价值，草潭镇政府实施"品牌农业"战略，明确发展规划，推出"下六番薯"品牌，申报国家地理标志产品，同时将下六、北灶尾、南洪、荔枝、旧庙等村适合种植高品质番薯的土地，通过流转规划建成万亩下六番薯生产基地，采取"公司＋农户＋基地"的经营模式，优选品种，标准化种植，品牌化经营。目前已形成以南洋围、惠群、东鑫业和绿野湾四个番薯种植专业合作社为主体的发展格局，番薯的品种不断改良，质量和产量都得到了提高，下六番薯逐渐被越来越多人知道，销路和价格都节节攀升。

据统计，至2018年，草潭镇种植下六番薯农户共4325户，占全镇种植总户数的25.5%，种植面积达568万平方米，平均亩产1吨多，总产量14560吨，产值共计5198万元。

收获满满（草潭镇政府供图）

（供稿：草潭镇政府；复核：遂溪县地方志办）

广东特色产业村

湛江市徐闻县

愚公楼村·巴厘菠萝

愚公楼村,位于曲界镇南部。清咸丰年间建村,当时民众构寮居住,以种植菠萝麻为生,初名麻寮。后因外地商人多到此购麻,形成麻寮圩。民国时期遭匪贼洗劫,许多村民逃往他乡,圩废。1925年,该村富商响应县政府号召发展菠萝麻产业,并兴建炮楼,抗击匪贼,村民返回村庄复居,种植菠萝。当时,徐闻县政府为更好地复垦种植菠萝,提倡"愚公移山"精神,县长在该村炮楼上书"愚公楼",自此以愚公楼为村名。

愚公楼村"菠萝的海"景观(徐闻县地方志办供图)

愚公楼村属亚热带季风气候,阳光充足,雾水雨水充沛,有砖红壤土质,非常适宜菠萝种植。村传统经营以种植甘蔗、菠萝、香蕉、良姜为主,特色产业是种植菠萝,所产的菠萝质量

愚公楼村村貌(陈李琴摄)

愚公楼菠萝（徐闻县地方志办供图）

优良，以体大质优、肉脆清甜、香味浓郁而名闻海内外。

愚公楼村是广东最早引种菠萝的村庄。菠萝种植从愚公楼村开始，逐渐发展到整个曲界镇、徐闻县各乡镇甚至雷州半岛一带。因此，愚公楼村被誉为"菠萝种植第一村"。1926年，华侨倪国良（祖籍徐闻县龙塘乡）从新加坡引进菠萝良种"巴厘"，在愚公楼村推广种植成功。1935年，愚公楼村人魏于平从菲律宾引进菠萝品种"千里化"。菠萝良种的引进，推动了全县菠萝产业的发展。中华人民共和国成立初期，国营友好农场设于此。1954年，圩内驻有菠萝收购站等单位。2006年，愚公楼全村种植菠萝收入2300多万元。愚公楼村生产的菠萝于2001年获国家农业部绿色食品中心"绿色食品"认证；愚公楼牌巴厘菠萝果曾获中国国际农业博览会名牌产品称号；2005年，被确认为国家地理标志产品；2006年，获得"中华名果"称号；2009年，入选"中国十大热带名果"。

2010年后，愚公楼村农民依靠科技兴农，争取国家技术质量监督局支持，建成愚公楼国家级菠萝种植示范基地，将标准化菠萝种植推广到家家户户。2018年，全村种植菠萝超过37平方千米，98%的农户参与菠萝种植，年产量约0.3亿千克，年产值约4500万元。

工人对菠萝进行深加工（何强摄）

（供稿：黄飞凤；复核：王保国）

湛江市徐闻县

良姜村·高良姜

良姜村，位于龙塘镇西南部，坐落于雷州半岛南端，聚落依田坑呈弧线状。清乾隆十二年（1747年）建村，据说因率先人工引种野生良姜而得名。传统经营以农业为主，兼营渔业，主要海产品有白鲳、马鲛、黄花鱼等，主要作物有良姜、香蕉、花生、玉米、北运蔬菜等。

良姜，又名高良姜，是良姜村的特色产业。徐闻良姜产量占全国90%以上，素有"高良姜之乡"之称。产地主要分布在龙塘、南山、下桥、前山、下洋、锦和等乡镇，其中以龙塘镇为主产地，在东南亚市场上享有盛誉。

良姜属于膳食与药用植物，广泛用于制药，被誉为"制药之母"，有温胃、散寒、消食、止痛等功效，对人体造血机能有促进作用。徐闻人习惯用良姜煲鸡汤、炖排骨汤，有健脾暖胃和祛湿的功效。徐闻良姜有鸡姜、牛姜2个品种，因为牛姜产量高，成熟期短，销路广，所以当地以种植牛姜为主。其种植周期为3—4年，每公顷产量约45000千克。

良姜村村貌（陈李琴摄）

北宋时，徐闻良姜是朝廷贡品。北宋至清代，徐闻良姜几度被列为官营产品。民国时期，广东曾规定徐闻良姜由官府专卖，禁止民间私卖。1949年至90年代中期，徐闻良姜由国家统一收购，出口到日本、东南亚、中东、非洲等国家和地区。2006年，徐闻良姜被确认为国家地理标志产品。2013年，徐闻良姜入选"广东十件宝"，成为湛江地区唯一入选的农产品。2016年，徐闻县良姜种植面积0.27万公顷。其中，良姜村有10户人家参与高良姜种植，每亩产值约4000元。

21世纪初，徐闻催生出一批高良姜自产自销型生产企业，采取组建"公司+基地+农户"的产业模式，大力发展高良姜种植业，引进新品种、新技术，促进产业化生产，大幅度增加了亩产量。企业还以发展高良姜"订单农业"的方式与基地农户建立巩固的产业化协作关系，以经济利益为纽带，双方利益联动，共同发展。同时，努力提升产业品质，打造无污染、无公害的有机绿色产品，并通过实行大面积种植高良姜和高良姜精深加工产业链一体化经营，带动当地现代农业的发展，引领着全县姜农走上新的致富道路。

（供稿：黄飞凤；复核：王保国）

高良姜深加工（吴开宋摄）

"广东十件宝"之一的高良姜（吴开宋摄）

良姜产业园地（吴开宋摄）

广东特色产业村

湛江市徐闻县

大井村·珍珠

大井村，位于西连镇北部，是徐闻县最西部的一个渔村，临流沙湾，三面环海，湾内波平浪静，海水和气候条件均非常适宜养殖珍珠，自古为天然珠池。

20世纪50年代末，广东省在大井村附近设置大型的国营珍珠场，开始人工养殖珍珠，在湛江的海康、徐闻、遂溪等地人工培育海水珍珠试验成功后，大井村村民大规模养殖珍珠贝，进行人工插核，大井村发展成为中国最大的珍珠养殖基地。20世纪90年

徐闻南珠（徐闻县地方志办供图）

大井村村貌（陈李琴摄）

认真工作的插珠女（黎朗 摄）

代起徐闻全县养殖珍珠2000—3333公顷，年产珍珠14000千克，其中大井村养珠453公顷，年产量约6000千克。

徐闻珍珠品质优良，早在古代海上丝绸之路兴盛之时已是重要的贸易产品。徐闻海水养殖珍珠又称南珠，是以马氏珠母贝产出的珍珠。由于北部湾得天独厚的地理环境，养育出来的南珠圆润、细腻、色彩瑰丽，且粒大、圆润、光彩迷人，被誉为国之瑰宝，驰名世界。国际珠宝业界历来就有"西珠不如东珠，东珠不如南珠"之说。

为提高科技含量，大井村经常邀请广东省海洋研究所、广东海洋大学珍珠养殖专家、学者到场辅导，累计已帮助600多人次提高了插珠技术水平。从20世纪90年代开始，每年大井村都有30名"插珠女"经严格的技能考核，奔赴法国从事插珠工作，人年均纯收入10万—20万元。仅2015年一年赴法"插珠女"便赚回数百万元外汇，为村道硬底化、道路绿化、篮球场等新农村建设工程捐款近30万元。2015年，村民人均年纯收入突破7600元。中央电视台为该村拍摄电视专题片《中国南珠第一村——大井村》，对该村珍珠养殖进行报道。

（供稿：黄飞凤；复核：王保国）

大井村珍珠养殖基地（徐闻县地方志办供图）

茂名市电白区

尚塘村·龟鳖养殖

尚塘村，位于沙琅镇城区西北部，距汕湛高速茂名港支线沙琅出入口500米。龟鳖养殖是尚塘村龙头产业。经过30多年发展，该村已形成了龟鳖饲料批发、龟鳖幼苗养殖、龟鳖收购销售等产前、产中和产后综合配套的产业链，成为远近驰名的养龟村、富裕村；曾被评为"广东省名村""美丽村庄"。沙琅镇被授予"中国养龟第一镇""中国石金钱龟之乡"等称号。

尚塘村具有独特的气候和地理环境，适合龟鳖繁殖生长。经过30多年发展，养殖品种不断增多，除了金钱龟、石金钱龟外，还有小鳄龟、金头龟（黄缘盒龟）、乌龟、山瑞鳖、珍珠鳖等。目前，沙琅镇各种龟鳖亲种养殖总量28万多只，其中金钱龟、石金龟存池量分别为5000多只和25万多只，分别占全国同种亲龟存池量的40%和60%。

石金钱龟（张鑫供图）

尚塘村村貌（电白区党史地志办供图）

尚塘村龟鳖养殖主要采用庭院生态养殖模式。该养殖业收入高、风险低，居家庭院及阳台、天台稍加设施改造，即可繁养龟鳖。金钱龟苗壳色红润、个头大，母龟产蛋量多，受精率高，孵化率90%，已成功繁育出第三代金钱龟及石金钱龟。沙琅镇政府派出动物医师5名常驻尚塘村，解答养殖户提出的技术问题，以及开展培训，85%的龟鳖养殖户均掌握龟鳖养殖各生产环节的关键技术。

金钱龟（张鑫供图）

2005年4月，尚塘村成立了广东省电白县沙琅龟鳖业协会，先后成立了5个大型龟鳖养殖专业合作社，入社养殖户1500户。培育了广东省最大的石金钱龟养殖企业——茂名华鑫石龟金钱龟养殖基地，组建了"沙琅龟鳖供求信息论坛"等龟鳖养殖技术和供求信息网站10多个，养殖户自主管理与合作，在企业带动下规模效益日渐壮大。2018年全村总产值达6亿元，占沙琅镇农业总产值的35%左右，成为沙琅镇的支柱产业，其保护利用、商品市场、价格、信息服务等对全国龟鳖养殖业影响越来越大，其中石金钱龟幼苗的市场价格已成为全国龟鳖市场动态的风向标，主导了该品种龟苗价格。沙琅龟鳖养殖经营户长年驻店于广州和中山古镇绿博园等龟鳖集散市场，经营销售活动非常活跃。

如今尚塘村龟鳖养殖业已形成完整产、销产业链，龟鳖延伸经济有肉用龟鳖、观赏龟鳖、食疗药用龟鳖及保护研究开发龟鳖、龟鳖观光农业等。全镇有小鱼虾捕捞队伍20多支共100多人，龟鳖食用鱼糜加工厂10多个，龟鳖幼苗养殖用水槽加工厂40多个，大小收购销售站40多个，龟苓膏手工作坊3个，与中国酒业知名企业张裕集团合作生产"至宝金龟酒"，繁荣了整个珍稀龟鳖市场。地道的龟苓膏采用传统配方熬制，产品深受消费者欢迎，前景看好。村中龟鳖养殖企业不断涌现，注册有"祥寿""尚唐""惠穭信"等商标。

华鑫石龟金钱龟养殖基地（张鑫摄）

（供稿：沙琅镇政府；复核：电白区党史地志办）

茂名市电白区

沙垌村·沉香

沙垌村，位于观珠镇东部，国道G325线和阳茂高速观珠出口旁，交通十分便利。该村始建于清代，全村面积10.8平方千米，是革命老区村。2014年2月，沙垌村被评为"广东名村"。

电白地处亚热带，是我国天然沉香的中心分布区之一。电白有采集、加工沉香的传统，据《茂名县志》《电白志》等记载，电白沉香经营起源可追溯至唐代，距今有1000多年历史。据《隋唐嘉话》记载，冼太夫人的三孙子冯盎与唐太宗李世民谈论沉香时告诉唐太宗，自己家乡大量种植沉香，强身健体、延年益寿，沉香由此入朝成为贡香。

沉香种植园（电白区党史地志办供图）

树龄超过300年的沉香树（电白区党史地志办供图）

沉香工艺品（电白区党史地志办供图）

20世纪80年代，沙琅村开始自发形成沉香集散地。90年代，在上级政府的带动下，沉香苗培育、种植、加工及流通得到大力发展，形成了产、供、销"一条龙"服务的沉香产业链，沙琅村因此被称为"沉香之乡"。至2018年，沙琅村建有沉香育苗场100多个，沉香种植面积133万平方米，沉香工艺品加工点300多家，沉香制香厂2家；配套建设沉香交易市场1个（占地面积1200多平方米），内设沉香产品商铺22间，成为专业性销售、收藏沉香产品的市场。以此为龙头，辐射带动全村的沉香产品流通业蓬勃发展，兴起了专营沉香产品的独立商店80多家，全村从事沉香业人口2000多人，形成"沙琅沉香文化一条街"。各类产品远销全国各地以及中东、马来西亚、新加坡等国家和地区，全村每年沉香产品销售产值超过2亿元，带动沙琅村第三产业蓬勃发展。

（供稿：观珠镇政府；复核：电白区党史地志办）

现代化沉香种植基地（电白区党史地志办供图）

茂名市信宜市

茶山村·三华李

茶山村，是茶山镇的中心村，位于茶山镇政府旁，村落面积16平方千米，已有300多年历史。早期，村民以种茶叶为生，故得地名茶山村。该村山清水秀，群山环绕，草木茂盛。

20世纪70年代初期，以染布为业的茶山村樟木坪经济合作社社员邓德全，从外地购回几十棵产自翁源县三华公社（今三华镇）的三华李树苗，在自己房前屋后自留地种植，取名三华李。三华李果子的品种分为早熟和迟熟两种，早熟果子产于5月份，可用盐、糖腌制，口感酸甜；迟熟果子产于6月，直接可食，口感甜、爽、脆，是夏日佳果。经过悉心栽培并不断拓宽种植面积，几年间邓德全便将自家的自留地全部种满。收获三华李后，辗转肇庆、高要、新兴、德庆、封开等地售卖，得到了第一笔源自三华李的收入。随后其逐步向自己的亲戚及邻近群众推广，传授经验，让周围村民一同种三华李，在丰收期联系外地商贩上门收购，大家通过种植三华李得到相对较高的收入。此时，茶山供销社开始注意到三华李种植的经济效益，批量引进种苗，小规模推广种植，更多群众陆续加入种植，没过几年，大家都享受到三华李带来的

茶山村村貌（信宜市地方志办供图）

茶山村李花吸引了大批游客前来观赏（信宜市地方志办供图）

经济效益。现在，村里家家户户都种三华李，李树漫山遍野，逢冬春时节是三华李的赏花、品花季节，清明谷雨过后是三华李的收获时节，三华李成了茶山村乃至茶山镇的龙头经济产业和特色产业。每年吸引众多游客，带动当地的旅游业发展。

茶山镇是中国长寿之乡、全国生态功能区，广东省信宜市的三华李产业两大生产基地之一。茶山村作为茶山镇最大的村，一直在其中起着带头作用。目前，茶山村960多户，被列入"全国农技推广示范县科技示范户"编号的种植户有20多户。全村山地面积434万平方米，种植三华李333万平方米，年产量约5000吨，2017年，三华李产值超过1650万元，其中单户产值最高48万元。全村有三华李种植及经销合作社3家、公司1家、网商微商20多家，村中已形成一条由"合作社+公司+农户+网商微商"的产销模式，业务拓展到全国市场，发展势头良好。果子在各大实体店和淘宝、京东网购店，甚至微商上均有销售，茶山村已经发展成为远近闻名的三华李之乡。

三华李果实累累（信宜市地方志办供图）

（供稿：柯吕婵、高干；复核：陈智）

茂名市信宜市

平梅村·竹器编织

平梅村，位于怀乡镇中部。全村总面积4.3平方千米，耕地面积86.7万平方米。平梅村所在的怀乡镇素有"编织之乡"的美称，20世纪60年代初开始从事竹器产品的生产和出口，至今已有50多年的历史。作为传统的竹编贸易镇，怀乡镇拥有较深的竹编贸易民间基础及历史渊源，是信宜市较早出现以"三资企业"形式开办竹器工艺企业的乡镇，竹编业已成为怀乡镇经济发展的主要产业。竹器编织加工是怀乡人民的传统手艺，竹器工艺品远销东南亚、欧美等地区。

特色竹器编织工艺品（信宜市地方志办供图）

编织加工竹器的村民（信宜市地方志办供图）

特色竹器编织工艺品（信宜市地方志办供图）

全镇拥有上百家编织、加工、出口企业，其中规模以上的企业有20家。全镇常年从事编织生产和加工的农民有3.16万人，村民80%以上的收入来自编织生产及相关产业。为了把怀乡镇竹器编制行业做强做大，2001年4月镇政府在平梅村规划建设怀乡竹编工业园区，该工业园区在2013年建设完成，占地面积13.33万平方米，拥有9家较大规模的竹器企业，现工业园区内的竹编企业已成为怀乡镇竹器编织产业发展的龙头。工业园区内的规模企业能够根据市场的变化和客户的需求，不断设计新的花色品种，承接编织的村民可在编织工厂内挑选品种模板回家制作，编织企业按编织难易程度支付报酬。织农一般情况下会在3—4日，即是一圩（三、六、九为圩日）的时间到编织企业交货一次。每个织农一个月可获1000—2500元的经济收入，寒暑假期，如有学生帮忙，收入更多。

随着市场经济的发展，加上大多数编织工序实现机械化，现在单一从事编织的家庭已经不多，许多年轻的怀乡人大多选择外出务工，留在家乡从事编织的农民通常是留下来照看父母或者小孩的年轻妇女和中老年人，他们在空余时间进行编织工作。

各式竹器编织工艺品（信宜市地方志办供图）

（供稿和复核：陈智）

茂名市信宜市

大诺村·银妃三华李

　　大诺村，位于钱排镇西部。该村致力于银妃三华李的种植和培育。每年立春前后，漫山遍野便开满了李花，一片银装素裹的景象，成为该村独特的旅游资源——香雪世界。

　　钱排镇是粤西地区著名的旅游名镇、三华李种植基地，号称中国三华李第一镇。钱排镇境内山高林密，平均海拔500米以上，年平均气温18℃。信宜有多个镇种植三华李，但钱排三华李远优于其他镇产的三华李，因其果实成熟后果皮表面有一层白色的薄粉，素有"银妃三华李"的美誉。

　　每年的立春前后，钱排镇会举行一年一届的"李花节"，吸引大批游客前来观赏。在乍暖还寒的冬末春初，遍布山间的李树在数天内竞相开花，花海如铺如盖，蔚为壮观。

　　钱排三华李属于蔷薇科李亚科，中国李属中一种，落叶木本，单叶，叶基常具腺体；托小，早落；萼筒（花托）杯状，子房上位，雌蕊由1个心皮组成。三华李因最早在广东翁源县三华镇种植而得名三华李，钱排三华李由三华李在钱排本土嫁接优化而成，其果型、色泽、味道均优于其他三华李，故得名钱排三华李。钱排三华李肉色深红，气味芳香，肉质松

大诺村村貌（邱立龙摄）

银妃三华李(李大平摄)

脆爽,果味清甜。其中,大诺村种植的银妃三华李果大色优,更是钱排三华李中的精品,深受顾客喜爱。

大诺村约有65户360余人,家家户户都种植三华李,多的有上千棵李树,少的也有几十至上百棵。该村三华李年总产量350多吨,总产值350余万元,人均年收入近万元。三华李的种植与销售使该村村民走上了致富的道路。每年的五六月份,是钱排镇三华李大量上市季节,街区和过境公路沿线,到处是三华李的收购点。近年来,从事三华李电商微商的人员特别多,镇上所有快递店都提供三华李邮寄快递服务,每日接收货件数百件,甚至上千件,投送地遍及全国各地。强大的电商物流,激活了当地三华李的销售市场,真正形成了"万户专业种李,千家参与营销"的产业发展格局。

大诺村漫山李花(李学东摄)

(供稿:黄文林;复核:曹金华)

茂名市高州市

出瑞龙村·新垌茶

出瑞龙村，位于新垌镇西部，坐落于丘陵地带。该村始建于明代中期，由中原人口移民聚居而形成。据《邓氏族谱》记载，邓氏由中原迁至福建，再由福建迁徙到广东高州新垌定居此地。革命战争年代，该村积极参与支持革命活动，为革命作出了重大贡献，中华人民共和国成立后，被认定为革命老区村。

明成化年间，新垌邓氏始祖邓开泰从福建汀州引入绿茶种植，因此得名新垌龙茶，距今有500多年历史。到了清代，安山圩便有了茶叶店铺。据清光绪年间编撰的《高州府志》记载："茶产茂名新垌者树高数尺，谷雨前摘取最佳，以出水涌者为极品。"出水涌是出瑞龙村的谐音。出瑞龙村后有一山岗，土地肥沃，周围高山连绵不绝，峰峦叠翠、云雾多、雨量匀、温差大，适宜茶树生长。出产的眉茶条索紧结微弯、色泽绿润、香气芳烈、滋味浓醇、汤色绿明、叶底均嫩。清代文人杨康曾作《高凉竹枝词》展现清代新垌出瑞龙的产茶景象："茗园春嫩一旗开，众绿丛中笑语来；压担盈筐影载道，今朝新垌采茶回。"

新垌出瑞龙绿茶落地生根、开枝散叶之后，几经变迁，以及数代茶农的辛勤耕耘，逐渐形成产、供、销一体化的生产规模，制作工艺日臻成熟。1965年，在广东省茶叶评比中获得优

出瑞龙茶近景

采摘新垌名茶——"出水窿"(梁丽珍摄)

出水窿茶厂(高州市地方志办供图)

质奖,在高州茶叶评比中获绿茶冠军。2000年,注册"高州新垌名茶——出水窿茶"商标。2014年7月14日,经国家质检总局认定,高州市新垌茶(出水窿茶)被确认为国家地理标志产品。新垌茶生产过程讲究,采用特定的原料鲜芽,加工后保留鲜茶的清新和活性成分,富含茶多酚等。出瑞龙茶形成规模经营,已创造出"出水窿茶"茶叶新品牌,远近闻名,深受广大饮茶爱好者的欢迎。

出瑞龙新垌茶已经成为粤西著名特产,具有中国名茶的品质及风范。其茶味香醇可口、茶色清亮、耐泡及回甘力强、生津止渴,并且富含微量元素,享誉省内外,备受社会各界和众多茶友的关注和瞩目。

出水窿茶包装(高州市地方志办供图)

(供稿和复核:李文辉)

茂名市化州市

大岭村·化橘红

大岭村,位于平定镇西南部,始建于明成化十一年（1475年）。原名大岭头村,民国初期改称为大岭村。

大岭村最闻名的是化橘红,自从罗辨仙在此发现了化橘红的药用价值后,化橘红就成了该村最有名的产品。化橘红可加茶叶泡饮,可长期饮用。其具有消油腻、消食健胃、化痰止咳等功效。古时为皇宫贡品,现在为大众所用。明代初年,化州橘红已有"南方人参"之称和"一片值千金"的说法。

化州橘红与浙江、福建、四川等地的橘红相比,疗效更好。化州土壤属偏酸性赤红土壤,富含礞石（含钾丰富的方母）和锑、锰、镁、铁等微量元素。化州橘红在生长期中均不宜荫

化橘红饮片、果粒（化州市地方志办供图）

大岭村村貌（李德珍摄）

化橘红幼果、成果（化州市地方志办供图）

蔽，开花结果期光照尤为重要；对水分要求较严，既不耐旱，也不耐涝。其繁殖方法有种子繁殖、圈枝繁殖、嫁接繁殖、压条繁殖、假植等。

2002年，大岭村种植化橘红达66.7万平方米。2015年，创办橘红赏花节，2016年3月，开展了全城旅游国际峰会化橘红赏花活动。2016年，大岭村荣获"中华化橘红第一村"称号，还被列入旅游景点级建设规划。15千米的化橘红长廊贯穿667万多平方米的化橘红基地，两边橘树成荫，橘花飘香，吸引众多游客到此观赏。

化橘红给大岭村带来了可观的收益。每年农历二三月，村民开始采收新鲜橘红花、生理落花和经疏理采摘的花一起除去杂质进行烘干或晒干，制成橘红茶，以花朵完整、色黄者为佳。三四月采集疏果或捡拾刚脱落的幼果，加工生产成橘红珠：将幼果置沸水中烫片刻，置烘干机烘至六成干，用木槌轻打至有弹性，碾成圆柱形，两端打压成平面，阴干或烘干，以大小均匀、绒毛多者为佳。五月采摘化橘红青熟果，加工成化橘红片：将青果置于50℃热水浸至果皮柔软，捞起晾干，用薄利刀将果皮割为七瓣七爪，去果肉，对折，压结，碾压实，再置烘干机烘至干燥。用麻线扎实，每扎十个，以青绿色、绒毛密茂者为佳。同时，化橘红种植带动了化橘红的深加工，主要产品有化橘红痰咳膏、痰咳液、口服液，化橘红冲剂、浸剂、果粒，化橘红饮片，化橘红洗发露等。

化橘红花开（化州市地方志办供图）

（供稿和复核：化州市地方志办）

肇庆市端州区

白石村·端砚

　　白石村，隶属于端州区黄岗镇，面向北岭山，背靠西江。民国时期，有村民用白石制作经营秤砣、椅背、石臼、石磨等石业产品，把两块大白石放在靠近黄冈小学的基围上，人们见这两块大白石别具一格，提起这个地方，便以"白石"代称，久而久之，村民形成习惯，把黄冈小学附近一带称为"白石"。20世纪50年代人民公社化时期，这里成立生产队，从黄冈分村。又传说西江河水暴涨时，村民把堤围边露出地面的3块白色大石头搬去加固将要倒塌的堤围，使村民生命财产得到保护，便将生产队定名"白石"，也就是现在的白石村。

　　白石村村民世代利用端州端溪烂柯山和肇庆北岭山一带出产的石料来生产端砚，至今已有1300多年的历史，是名副其实的端砚专业村。清代末期至中华人民共和国成立初期，白石村制砚至为鼎盛，一大批名砚和名师应运而生，其中有被称为"广东最后一位碑刻大家"的梁俊生。白石村有"端砚第一村"之称，被文化部授予"文化产业示范基地"称号，被广东省评为"文化产业（创意）园区""广东省特色旅游村"，成为肇庆市以砚文化为主题的标志性文化旅游景区。"端砚制作技艺"于2006年被国务院公布为第一批国家级非物质文化遗产代表性

白石村村貌（周忠明、黄小云摄）

项目。

现在，白石村90%以上的家庭都在从事制砚行业，走进村里可以看到白石村的房屋沿"弓"形村道而建，每家每户门前都堆满了砚石，屋门前、瓜棚下、村道旁、厅堂里都能看到村民在埋头刻砚的场面。端砚的制作工序复杂，挑石、磨石、划线、刻石、成形，一块小小的端砚成形少则六七天，多则半年。由此可见，端砚不仅造型精美，它的名贵还在于手工。

每年农历四月初八，白石村都会举行盛大的祭祀活动，以此纪念石业先祖伍丁和历史上对白石村作出贡献的人。当天村民会按照传统的习惯，到原两广总督张之洞砚碑亭旁的伍丁先师牌位处，请出祖师爷伍丁像，由四人抬着环村巡游。巡游时，鸣锣开道，鼓乐喧天，沿途金狮、银狮起舞助兴，所到之处家家户户和制作端砚的作坊店铺均作揖礼拜。想入行端砚制作学艺的年轻人，要先拜伍丁祖师，再向师父作揖磕头，才算正式入门。

白石村由于端砚的带动，经济得到了较好的发展，周边也有较浓厚的文化氛围，诸如张之洞碑、品砚园、李氏宗祠、拦街递品、中国端砚展览馆等都因白石村而扬名。

（供稿和复核：端州区史志办）

白石村口的中国砚村（练新摄）

传统端砚制作（练新摄）

白石村村名石（练新摄）

肇庆市鼎湖区

沙二村·肇实

　　沙二村，位于沙浦镇西部，至今已有600多年的历史。沙二村以种养、加工业为主。养殖的生猪和优质鱼为该村经济发展的主产品，另种植肇实6.67万平方米、香蕉4.67万平方米，深水鱼塘约33万平方米，家禽达4400只，均取得了很好的经济效益。

　　肇实，即芡的种子，植物学名叫芡实，又名鸡头米，因肇庆产的芡实特别好，故名肇实，属睡莲科一年生水生草本植物。由于其出于淤泥，倚水而生，叶盘平铺水面，形似莲叶，果实状似鸡头，故俗称鸡头莲。芡实的叶、茎及果实外皮均长有硬刺，故又名"水底黄蜂"。

　　明代黄佐主编的嘉靖版《广东通志》记载："芡叶似荷而大，实有芒刺，其裹如珠，鸡头实也，出肇庆"，可见肇庆于明代已有栽培芡实。肇实在国内外享有盛誉，产品不仅销往国内

肇实开花

肇实（陈满洪摄）

市场，还远销东南亚各国。现主要在鼎湖区大量种植。纯正地道的肇实，有别于外地出产的芡实。它皮色虽红而不鲜，颗粒大，种仁有明显的蟋蟀纹，断口处凹凸不平，含有丰富的淀粉，煮熟后似怒放的菊花，极为松化，其汤色清白，味道清甘。

作为鼎湖区肇实加工第一村，沙二村村民主要以个体的形式经营肇实的生产、加工和销售。该村有肇实加工专业户10户，占沙浦镇的42%。2018年，全村肇实总产量5450吨，产值8000万元。肇实的高产得益于生产线加工技术逐渐成熟，20世纪70年代，肇实加工采用铡刀手工脱壳，效率较低；1982年，陈冠兄弟研制出首台肇实单刀电动脱壳机，结束了手工铡果的历史；1985年，采用多刀电动肇实脱壳机，使肇实加工效率提高10多倍；现在，肇实专业户基本采用机械自动化生产线，生产效率提高数十倍。

肇实叶子（谭冬梅摄）

（供稿和复核：鼎湖区地方志办）

肇庆市高要区

古西村·麦溪鲩（鲤）

古西村，位于肇庆市高要区的县道南黄线路边，面积约4平方千米，地处丘陵地带。该村利用本地鱼塘多的特点发展村级集体经济，共有193万平方米鱼塘，远近驰名的大湾"麦溪鲤""麦溪鲩"就产自该村，每到麦溪鲤和麦溪鲩上市时节，许多粤港澳等地区的食客前来品尝。

麦溪鲩（鲤），因产于高要区大湾镇古西村麦塘和白溪垦塘（合称为麦溪塘）而得名，已有500多年的历史。其鱼身两侧有三条金线，柔软有光泽，肥而不腻、鲜而不腥、嫩滑清香、富含蛋白质和不饱和脂肪，为肇庆远近驰名的特色美食，有"鱼中之王"的称号，是远近闻名的地方特产。据史载，明洪武年间麦溪鲩已负盛名，清代曾被列为朝廷贡品，相传慈禧太后对其赞不绝口。现在广州的一些食肆将麦溪鲩作为招牌菜。

刚捕捞上来的麦溪鲩（鲤）（高要区地方志办供图）

麦溪鲩（鲤）（高要区地方志办供图）

麦溪鲩无特殊种苗，普通鲩鱼种放到麦溪塘，养足岁月就可以转变成麦溪鲩；如把麦溪鲩放到别的鱼塘，经一年半载，便会转变成普通鲩鱼。麦溪鲩与外地养殖的鲩鱼相比有不同的特点，刚出水时银鳞闪闪，全身粉白，人们称之为"仙子出水"。将其放进外地的鱼塘中，背上的鱼鳞就会慢慢地变成淡墨色。

麦溪鲩（鲤）主要生长在古西村西南的麦溪塘，面积100多万平方米。现由肇庆市碧波农业发展有限公司承包，是肇庆市大湾"麦溪鲩""麦溪鲤"商标唯一授权使用单位。麦溪塘是一个天然的小谷地，四周群山环绕，就像一个聚宝盆。因塘内富含矿物质，且塘中一年四季盛产特有的野生小荸荠、马慈籽、茅草等野生植物，为鱼类提供了丰富的优质天然食物，加上水质优良，常年无污染，出产的麦溪鲩（鲤）富含不饱和脂肪，肥而不腻、鲜而不腥，蛋白质含量比普通鱼要高。2017年，广东省农业厅公布广东省第二届名特优新农产品区域公用品牌，麦溪鲩、麦溪鲤榜上有名。

麦溪鲩（鲤）（高要区地方志办供图）

（供稿和复核：高要区地方志办）

肇庆市高要区

仙洞村·活仙粉葛

仙洞村，位于高要城区西南30千米，与佛山市高明区更合镇接壤，面积3.8平方千米，耕地面积142万平方米，山地面积231万平方米。仙洞村是高要区供港蔬菜供应生产基地之一，主要盛产粉葛、苦瓜、丝瓜、豆角、荷兰豆等，尤其是粉葛，以榄核形状、肉质粉绵、不生渣而闻名于市内外。

活道粉葛的人工栽培始于明末清初，由当地的野生粉葛培育而来，其中以仙洞粉葛最为闻名，被称为活仙粉葛。1995年，在仙洞村党支部的带领下，粉葛地头越来越热闹。然而，由于缺乏有效的销售渠道，仙洞村粉葛只能低价卖给高明合水等地的小商贩。随着合水粉葛市场越做越大，形成了收购仙洞粉葛到高明合水深加工销售的"一条龙"产业，高明合水的粉葛成了名优产品，而仙洞村村民获利不多。

直到2007年，香港收购公司的考察人员慕名而来，发现仙洞村地处鼎湖山泉水上游，水质清澈无污染，独有的黄泥沙土壤土质蓬松，利于粉葛生根壮根，种出的粉葛细滑无渣。经肇庆市检验检疫局和广东省出入境检验检疫局检验确认合格后，仙洞村成为广东大宗供港、澳粉

仙洞村粉葛种植基地（陆桂清摄）

仙洞村粉葛成品（高要区地方志办供图）

葛基地。

粉葛品质得到了认可，粉葛就有了比较稳定的销路。2009年，村党支部书记陆桂清带领140户粉葛种植户注册成立了仙洞益群粉葛专业合作社，带动大批附近村庄农户纷纷试水种植粉葛。2013年，合作社粉葛种植面积增至107万平方米，亩产1000千克，价格也由2009年以前的每千克几角钱涨到每千克16元，实现产值2000多万元，户均年收入达8.77万元。近年来，在区、镇政府的带领下，仙洞村积极实施"科技兴农、产业强村、粉葛富农"的发展思路，推动粉葛产业发展，增加农民收入。如今，仙洞村粉葛产业已进入了产销"一条龙"的良性发展轨道，产品销往香港、澳门等地，市场前景广阔。全村60%的农户从事粉葛生产，组织化、规模化、标准化程度高。2017年，全村粉葛种植面积53.33万平方米，总产量120万千克，粉葛种植户占全村农户总数的69.5%。

2011年7月，"活仙"粉葛获农业部农产品质量安全中心颁发的无公害农产品证书，2013年8月获中国绿色食品发展中心颁发的绿色食品A级标准证书。2014年，活道粉葛被确认为国家地理标志产品。

仙洞村粉葛加工厂（高要区地方志办供图）

（供稿和复核：高要区地方志办）

肇庆市四会市

程村·兰花

程村，位于四会市西北部，地处北回归线以南，坐落于鼎湖山脉，属低山丘陵区和亚热带季风气候，温和湿润，光照适中，拥有"冬无严寒、夏无酷暑"的独特气候条件。程村30°坡度以下的肥沃丘陵山地众多，地处四会市二级水源保护区、生态发展区，山清水秀，环境优美，空气清新，无工业污染，无酸雨，水土洁净，具备了土地资源、水土环境、气候条件等得天独厚的综合条

程村兰花（石狗镇政府供图）

件，是发展兰花等特色农业产业和观光旅游、生态休闲产业不可多得的一片净土。

程村兰花于2005年由佛山市南海区龚志江、郭炽成、陈锦灼、林明淇、马芬五人共同引入，当时种植面积4万多平方米。经过10多年的发展，目前共有17个兰花场，总面积133万多平方米，亩产5000株左右，品种包括墨兰、企黑、金嘴、白黑、四季兰等，年产值约1.8亿元。

目前，程村是石狗镇兰花的主要种植基地，种植面积约占全镇的一半。随着该村兰花产

程村沿线兰花产业带（石狗镇政府供图）

花场内部（石狗镇政府供图）

业逐渐壮大，越来越多的程村村民加入到种植兰花的行列，尝到了致富的甜头。2013年，石狗镇被肇庆市科协认定为"肇庆兰花专业镇"；2014年，程村被农业部评为"全国一村一品示范村镇"。程村常新兰花种植专业合作社被四会市科协认定为"四会市科普示范基地"。2017年，程村引入肇庆首家专业种植蝴蝶兰的万绿兴花卉种植有限公司，占地面积5.3万平方米，亩产3万株，亩产值约150万元，品种有中国红、火凤凰、大辣椒、枫叶、满天红、藏宝图、招财猫、一串红、婚宴、黄金甲、大财子、彩蝶、法国斑、墨兰等。

程村兰花产业的兴旺不但让越来越多的村民走上致富路，还带动了程村旅游业的发展。在社会主义新农村建设中，程村以基础设施的改善促进产业发展，以社会经济的发展推动乡风文明的提升。随着新农村建设的逐步推进，程村将成为石狗镇做大做强做优兰花产业的启动点，石狗镇将依托以程村为主导的兰花产业，打造千亩蝴蝶兰基地，争创"省兰花专业镇"；打造贯穿程村、廻龙、石桥集生态休闲、观光旅游、科普教育于一体的环镇观光绿道；积极以现有的兰花产业带为基础，充分利用林地连片分布的优势，依山开发建设规模为667万平方米的现代兰花产业园。

盛开的蝴蝶兰（石狗镇政府供图）

（供稿和复核：四会市党史地志办）

肇庆市四会市

邓村·古法造纸

　　邓村，紧依绥江，距四会城区10千米，依山傍水，山丘环绕，漫山遍野的翠竹连绵不断。这里的空气中弥漫着一股酸酸的、涩涩的气味，是竹子长期被石灰水浸泡所散发出来的特有气味。这就是闻名广东的古法造纸第一村——邓村。

　　邓村的古法造纸历史悠久。南宋，有张、陈、程、申姓等中原人辗转韶州曲江、南雄珠玑巷迁徙到邓村的白龙、官陂一带定居。南下的移民带来了以竹为原料的手工造纸工艺，他们利用当地水资源丰富、盛产竹子的良好自然条件，建起了灰池、水碓、作坊、晒场，砍竹造纸，世代相传，直至今日，传统的古法造纸工艺依然在这里流传。据清光绪《四会县志》记载："会纸，邓村铺厂最多，始创于嘉（庆）道（光）年间。"邓村以造纸而闻名，因地处四会，所产的纸也叫"会纸"，因开张、足数、色好而畅销港澳和东南亚。其基本原料是竹子，故也称"竹纸"，当地人则称之为土纸。

　　在邓村，每个会纸作坊门前都有一个专门腌制竹子所用的浸泡池，池子里浸泡着竹子，村子四周随处可见一捆捆包扎好的用来造纸的原料竹子和一座座生产纸张的作坊。村民们就地取

晒纸（四会市党史方志办供图）

拍竹（四会市党史方志办供图）

拌浆（四会市党史方志办供图）

材，将竹子从山上砍下，削去枝叶后，截成一段段70厘米左右的竹节，由此开始了古法造纸的工序。如今，整个生产过程基本都是手工作业，只有部分工序通过机器来完成。造纸收入目前已经成为邓村人的主要经济来源，造纸人均年收入15000—20000元。农忙时种田，农闲时造纸，两业并进，世代相传。

邓村古法造纸工艺流程有20多道工序，主要是拍竹、浸泡、晒竹、打浆、拌浆、抄纸、榨纸、松纸、晒纸等九道工序，沿袭了1900多年前蔡伦发明的造纸术，与明代科学家宋应星所著《天工开物》第十三卷中记录的古法造纸工艺流程基本一致，因此，四会古法造纸有"中国古法造纸的活化石"之美誉。会纸传承了蔡伦造纸术的原生态环保生产工艺，每道工序技艺都是中国劳动人民智慧的结晶，且难以为现代技术所替代，它蕴含着丰富的科学技术内涵，是一份极其宝贵的历史遗产，许多游客慕名前来参观。当地政府将邓村民间古法造纸与当地的贞山风景名胜区连在一起，构筑四会旅游走廊，打响广东古法造纸第一村的旅游品牌。

捞纸与松纸（四会市党史方志办供图）

（供稿和复核：四会市党史方志办）

肇庆市广宁县

清桂村·广绿玉

清桂村，位于广宁县西南部，因绥江支流清水、桂水流经该村而得名。该村林地占全村土地面积的90%以上，过去主要生产木材、茶叶，兼种植少量水稻、番薯、木薯和南药等。全村总人口约2600人，其中280多人从事与玉石相关的工作。因出产加工著名的广绿玉，该村被称为"广绿玉之乡"。

广绿玉是广东四大名石之一，为蚀变绢云母岩质，玉石以墨绿色为主，质地细腻、温润、晶莹、剔透，被誉为"中国五大名石"之一。产地集中在广宁县木格、洲仔两镇交界的五指山脉，其中洲仔镇清桂村位于五指山脉内，村民世代与玉为伴，几乎每户都会藏有几块珍贵玉石。对村民来说，玉石既是天赐礼物，又是全村人的感情纽带。

广绿玉开采的历史可以追溯到明代中期，当时广绿玉已被制成工艺品向朝廷进贡。清道光《广宁县志》记载："云朝山，其石色备五彩，温润而栗，商人贩卖雕作篆首。"据实地考证，

广绿玉作品（一）（广宁县地方志办供图）

广绿玉作品（二）（广宁县地方志办供图）

广绿玉作品（三）（广宁县地方志办供图）

云朝山即今云台山，在清桂村与木格镇相接的五指山脉一带，广绿玉石矿就藏身于五指山脉的崇山峻岭之中，矿脉储量数百万吨。抗日战争时期，五指山之南曾有老硐开采，用以制作圆章和工艺美术品，引起中外关注。日本文房道权威宇野雪郎所著《文房古玩事典》中写道："广东绿产自广宁，有纯绿与茶黄色交错，有透明与微透明……"，日本少林德太郎所著的《增补图说石印材》中，对清桂产的广绿玉给予较高评价，写道："田黄、鸡血石、广绿为稀品，在珍品石中同一品位。"国内著名的宝石鉴定师、广东省宝石协会副会长、亚洲珠宝联合会副主席成大均对广绿玉情有独钟，评价为"质地细腻、温润剔透""可与黄田玉争艳，可与翡翠媲美"。已故著名书法家赵朴初为广绿玉题下"石中瑰宝广绿玉"七字。

广绿玉品种繁多，种类有黄绿冻、翡翠绿、金星绿、五花绿、碧绿冻、坑底冻等，其中以金星绿、碧绿冻最为名贵；按颜色分，有黄绿、白绿、碧绿、墨绿、金星绿、翡翠绿等。由于广绿玉颜色丰富，当地工艺师将其雕刻成各种惟妙惟肖的工艺美术作品，有许多作品被国家工艺美术博物馆和好石爱好者收藏。由于广绿玉价值高，文化底蕴深厚，格调清雅，品位高尚，具有巨大的收藏价值和升值空间。

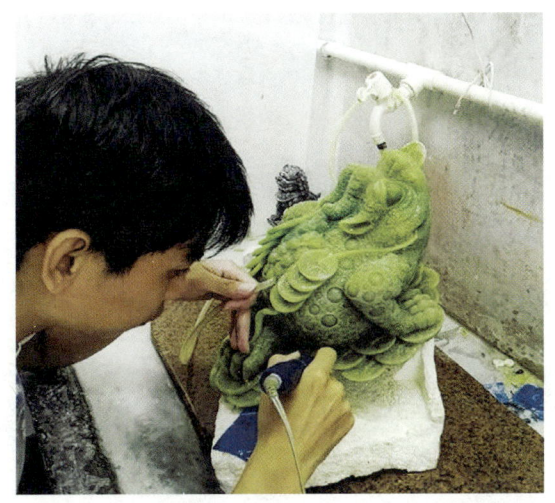

师傅在雕刻广绿玉（广宁县地方志办供图）

如今，在广宁县委、县政府的高度重视下，广绿玉得到了适度开发，随着广绿玉的开发和传播，它的美名也得到远播，知名度不断提升，"石中瑰宝"——广绿玉正散发出璀璨的光芒。

（供稿和复核：广宁县地方志办）

肇庆市广宁县

新坑村·龙须菜

新坑村，隶属于江屯镇，地势平坦，气候温和。近年来，该村大力发展龙须菜种植。2017年，全村共种植龙须菜66.7万平方米，年产量250多万千克，总收入1200多万元，是江屯镇龙须菜的主产区，有"龙须菜走廊"之称。这里几乎家家户户房前屋后都辟出了几分地种植龙须菜。

江屯镇龙须菜种植从零星分散到基地化生产已有20多年。经多年的推广，江屯镇已发展成全国种植龙须菜最早、面积最大、产量最多，集产供销于一体的产业化特色农业镇。2005年11月，江屯镇生产的"碧龙"牌龙须菜被中国绿色食品发展中心认定为绿色食品A级产品。目前，江屯龙须菜远销东南亚，近销粤港澳地区和东部沿海省际城市。

新坑村龙须菜基地（广宁县地方志办供图）

龙须菜

　　龙须菜因其茎苗似龙须，当地菜农称其为龙须菜，取"龙须祈福"之意。1983年，附近龙田村村民黎振深偶然发现佛手瓜幼嫩卷须煮后吃起来鲜甜爽脆，接连几年走南闯北做市场摸底后，他决定大规模培植填补市场空白。这个新品种一上市便大受欢迎，20世纪90年代初期的收购价为5—7元每千克。龙须菜易种植，不仅水旱田、山边地可以种，在房前屋后也可以种，并且生长快，茎苗每天可生长20—30厘米，几乎天天都可以采摘，龙须菜生长时间长，从三四月开始，一直可以采摘到十一月；易管理，当地的土壤、气候适宜其生长，基本没有病虫害危害，故不用施农药，属环保、绿色型蔬菜。经黎振深的种植和试销，食客反响良好，当地村民看到其广阔的市场前景和较高的经济价值，也纷纷种起了龙须菜，逐渐发展到全镇。一家多则几亩地，少则几分地，没有劳动力的人家也在村前、屋后种起了龙须菜。村民每天将新鲜的龙须菜采摘后卖给当地的菜贩，再由菜贩运往珠三角地区城市销售。

　　近些年来，龙须菜在市场上越来越受欢迎，一直保持着较高的收购价，许多农民因龙须菜而致富，住上了新房，开起了小车。有的人干脆不在城里打工，回家安心做菜农。全镇农民经济收入有六分之一归功于龙须菜，所以农民们称之为"富农菜"。龙须菜不仅是农民的财产，也是他们生活的一部分。站在新坑村的地头远眺，只见整个村阶梯状的地里都种满了龙须菜，甚至在远处山坳里都是整齐的菜苗，还有人将房前屋后的方寸之地都种上了龙须菜。

销售龙须菜（广宁县地方志办供图）

（供稿和复核：广宁县地方志办）

肇庆市广宁县

拆石村·番薯

　　拆石村，位于潭布镇中部，面积16.1平方千米，有耕地134万平方米，山地971万平方米。潭布镇是广宁县17个乡镇中海拔最高的一个镇，平均海拔900米，由于常年气温保持在20℃—21℃，土壤肥沃，适宜番薯的生长。因此，这里盛产个大味甜、清甜可口的优质番薯。潭布番薯具有糖分高、淀粉低、纤维少、味香浓、软滑可口等特点，是其他乡镇所产的番薯无法比拟的。

　　拆石村种植番薯已有300多年的历史，拆石番薯干由于糖分较高、质地柔软，口感香甜软韧成为当地农业特色农产品和旅游绿色特色产品，誉满广宁乃至珠三角地区。过去拆石村每户都有种植番薯的习惯，主要是满足家庭自给自食，并没有形成规模种植，番薯的加工也是自家手工制作。近年随着农村经济的发展和市场的需求，在当地党委和政府的引导下，通过有效整合零散的劳动力和土地资源，通过"基地+合作社+贫困户"的扶贫模式，使

拆石村番薯种植基地（广宁县地方志办供图）

拆石村番薯干生产基地（广宁县地方志办供图）

"游击队"变"集团军"，彻底改变了农民以往低效率的生产模式，当地特色农产品番薯的产量大大提高。近年来，全村每年番薯种植面积133万多平方米，总产量500万千克，产值2000万元。该村将番薯进行加工和包装后对外销售，增值4000多万元，户均年收入约3.1万元。拆石村因而成为著名的特色产业村，带动了周边农村农户种植番薯的热情，番薯成为当地农村脱贫致富的农产品。

近年，拆石村的番薯干获得"广东省特优新农产品岭南名小食"称号，被广宁县旅游部门评为"十佳旅游特色农产品"之一。"潭布番薯干"正申请注册国家地理商标保护产品。2018年5月，拆石村与省农科院合作，挂牌成立"广东省农业科学院作物研究所特色作物栽培技术广宁示范基地"，致力打造"现代农业+生态+休闲+科研"为一体的番薯产业园。

拆石村生产的番薯干（广宁县地方志办供图）

在该村的带动下，截至2018年，潭布镇和周边乡镇种植番薯面积1333万多平方米，年产番薯干7000吨，年产值近2.6亿元。如今，潭布镇充分发挥科技、企业和资本优势，引进番薯产品加工新技术、新工艺，新建现代工艺番薯加工生产线3条，对现有分散的作坊式加工企业进行分类整合，加大投入，改进生产工艺，不断提升番薯产业的效益。计划到2021年，潭布镇新建番薯良种苗繁育基地6.7万平方米，建设标准化番薯示范生产基地400万平方米，新增番薯种植面积1000万平方米，年鲜薯亩产量可达1000千克以上，总产量达4.2万吨。

（供稿和复核：广宁县地方志办）

肇庆市德庆县

诰赠村·贡柑

诰赠村，位于马圩镇西部，靠近北回归线，气候温和，雨量充沛，是马圩镇的第二大行政村。村民经济收入主要来源于种植贡柑。马圩镇于2005年被评为"广东省贡柑生产专业镇"，被誉为"中国贡柑第一镇"；诰赠村（贡柑）被评为"全国一村一品示范村"。

贡柑是德庆县的特色支柱产业，其果形靓丽、果色金黄、皮薄核少、肉脆化渣、清甜香蜜、高糖低酸、风味浓郁，集中了橙类外形美观和柑桔肉质细嫩、易剥皮的双重优点，其他柑桔品种难以与其相比，被誉为"柑桔之皇"，产品远销全国各地。2003年，德庆县被中国经济林协会评为"中国贡柑之乡"。

1997年起，马圩镇党委、镇政府利用当地特有的资源优势，以柑桔种植为发展重点，通过政府推动、政策扶持、技术指导、市场开拓等措施，引导农民种植贡柑。是年，马圩镇完成"皇妃"牌贡柑商标注册。

贡柑收获（德庆县地方志办供图）

德庆贡柑（温爱民摄）

1999年，马圩镇制定出全镇5年内发展1.5万亩皇妃贡柑的总体规划。1999年至2001年，全镇新发展皇妃贡柑基地454万平方米，年递增147万多平方米，全力打造皇妃贡柑十里长廊。诰赠村的皇妃贡柑十里长廊成为德庆县、肇庆市乃至广东省山区综合开发示范点。1999年，"皇妃"牌贡柑在全国名优水果评比中获得"中华名果"称号。

在引导农民发展种植贡柑的同时，镇党委、镇政府主动与华南农业大学、仲恺农业工程学院、广东省农业科学院果树研究所等科研机构联系，组织专家和技术人员深入乡村进行技术培训，到田间地头普及推广种植管护技术。经过科研人员多年潜心研究，不断改进各个环节的技术，有效地解决了种苗嫁接、保花保果、防裂果落果等技术难题，总结出一套管理经验，使该镇贡柑平均亩产1500—2000千克，最高亩产可达5000千克。同时，贡柑的品质也得到了改变和提升。

在贡柑长廊的辐射带动下，马圩镇农民掀起种柑桔的热潮。2012年，全镇贡柑、沙糖桔的种植面积已发展到17平方千米，挂果面积近14平方千米，年产量3.2万吨，产值1.6亿元，占全镇工农业总产值的31%，全镇柑桔产业已走上专业化发展轨道。

2017年，诰赠村贡柑产业实现收入760多万元，占全村农业总产值的60%，为当地村民人均纯年收入增加6000多元，当年农民人均纯年收入为1.79万元。

德庆贡柑礼盒（罗康铭摄）

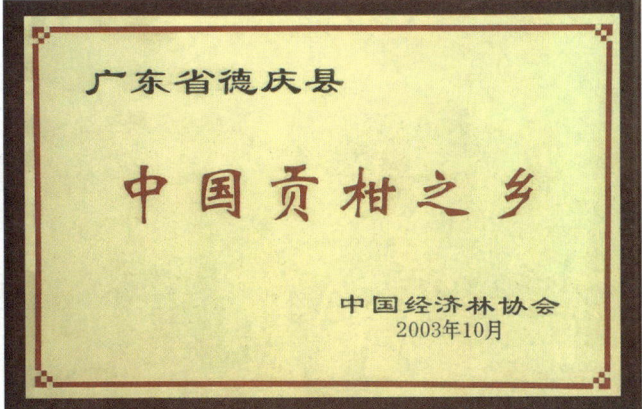

中国贡柑之乡牌匾（德庆县地方志办供图）

（供稿和复核：德庆县地方志办）

肇庆市怀集县

璃玻村·茶秆竹

　　璃玻村，位于绥江河畔，是坳仔镇的一个行政村。璃玻村盛产茶秆竹，村民以种植及加工茶秆竹为主要经济来源，1995年璃玻村被评为全国造林绿化千佳村，2006年怀集县被国家林业局评为"中国竹子之乡"。近年来，随着市场需求量增大，该村更是远近闻名。2017年村民人均年收入超1万元。

　　茶秆竹，因其竹色如茶而得名，由于茶秆竹长在厘江边的山上，当地人都称厘竹，是怀集特产。其秆通直、节平，富含纤维，坚韧耐用，不易虫蛀，经沙白、晒干后呈象牙色。茶秆竹用途广泛，宜制作竹家具、标杆、旗杆、帐竿、棚架、篱笆、花插、花架、屏风、凉席、滑雪杆、钓鱼竿、香烛棒、美术工艺品等，还可作为制造纸张的原料。茶秆竹被美国人塑化用作飞机油箱原材料，入编《世界竹子研究》一书。2003年，国家标准化管理委员会将怀集茶秆竹列为国家级农业标准化示范项目，并于2008年通过考核验收。2010年，经国家质检总局批准，茶秆竹被确认为国家地理标志产品。

厘江盈金（怀集县地方志办供图）

茶秆竹（怀集县地方志办供图）

坳仔镇的茶秆竹种植最广、向外售卖最早，清代中期，坳仔镇有一位农民砍了几捆厘竹，随木排运放至广州街头摆卖，恰巧被一位英国商人相中用作钓鱼竿。于是该农民无意中发现这是制作高级钓鱼竿的绝好材料，于是大量收购并贩卖到欧美市场，厘竹从此成为世界竹子市场的抢手货。20世纪50年代，美国人曾以塑化处理后的厘竹制作飞机油箱零部件；苏联人则用厘竹制作滑雪杆，使"古比雪夫"牌滑雪杆风靡一时，曾作为当时国际滑雪赛事指定器材。20世纪90年代初，为纪念宝贵的竹资源，我国于1993年发行了特种邮票《竹子》，全套四枚，其中第四枚就是茶秆竹。

堆放的茶秆竹（怀集县地方志办供图）

璃玻村是坳仔镇种植茶秆竹面积最大、产量最多、材质最优的行政村。每年到了收竹的季节，竹农将砍下的茶秆竹砂洗后，在厘江岸边搭起一座座竹的"金字塔"，阳光下，碧水映照，形成"厘江盈金"的景观，煞是醉人。近年来，茶秆竹的出口量大增，远销欧美和东南亚40多个国家和地区，在国内外享有"竹中之王""钢竹"美誉，是怀集县最大宗的外贸出口商品之一。2017年，玻璃村茶秆竹种植面积1200万平方米，年产茶秆竹5万吨，出口4万吨，出口创汇2000万美元。怀集县茶秆竹出口占全国同类产品出口量的70%以上，其中璃玻村出口量占怀集县的30%以上。

璃玻村茶秆竹加工厂（怀集县地方志办供图）

（供稿和复核：怀集县地方志办）

清远市清城区

铺背村·乡村旅游

铺背村，位于飞来峡镇西南部，是清城区乡村旅游示范区片区建设的先行先试村。2015年以来，该村抓住清城区开展乡村旅游示范区片区建设的机遇，大力整合资源，走出了一条发展乡村旅游、激发农村活力、实现全面小康的发展新路子。

2015年，铺背村党支部、村民小组和村民理事会发挥带头作用，成立合作社，筹资筹劳发展乡村旅游。一是明确开发模式。召开村民大会讨论开发模式，成立合作社，确定农民土地入股、村集体统一经营、农民按股份分红的自主开发模式。二是整合四类资源。整合全村26.7万平方米土地资源，种植油菜花6.7万平方米，建设烧烤场、停车场各6667平方米，其他土地按规划建设乡村环山自行车越野赛道、休闲岛、乡村运动公园等项目；整合全村闲置房屋，统一改造民宿6间，同时由村民承包闲置礼堂办起老知青饭店；整合闲置劳动力，成立村经济服务社，将无业村民、回乡村民和留守妇女纳入服务社，从事农家乐经营、民宿管理、竹工艺品生产、土特产销售，实现村民在家就业，目前不仅许多留守村民实现就业，而且越来越多外出务工村民回乡创业就业；整合发展资金，村集体整合修路征地款、土地出租款及农民自筹资

铺背村村貌（清城区史志办供图）

铺背村美丽的手绘墙（飞来峡镇党政办供图）

金等用于开发乡村旅游项目。三是发展多种经营。目前已推出的经营项目主要有特色农家宴、岭南民宿、花卉观赏以及瓜果采摘等农事体验，今后还将发展自驾露营、户外运动、民俗民娱、乡村驿站、知青怀旧、田园休闲等项目。

自铺背村乡村旅游启动以来，铺背村激发内生动力，许多外出务工村民看到商机，特别是看好发展前景，自发回乡开起商店、餐馆，卖起土特产，实现了"村姑变导游，农夫成老板"的华丽转型。更为可喜的是，"铺背经验"起到辐射带动效应，附近农村见其成果，也开始学习铺背村发展乡村旅游。

通过发展乡村旅游，铺背村彻底改变了以耕种为主的生产方式，找到了脱贫致富的金钥匙，实现了整村脱贫致富的目标。在2016年8月全国乡村旅游提升与旅游扶贫推进会上，清城区铺背村被评选为"中国乡村旅游创客示范基地"，成为清城区乡村旅游精准扶贫工作的首个标杆。

老知青饭店（飞来峡镇党政办供图）

农业生态观光园（飞来峡镇党政办供图）

（供稿：飞来峡镇政府；复核：清城区地方志办）

清远市清新区

牛迳村·民宿

牛迳村，位于浸潭镇西北部，面积0.5平方千米。因村落昔日有一条路口仅容得一头牛通过的山迳而取名牛迳村，曾称牛迳林场。该村位于滨江山区，在架凳岭山脚下，临近龙须带水库。村庄始建于1977年，因龙须带水库建设需要，原村落被淹，村民搬迁至此。

该村旅游资源有石灰石、桃花湖。桃花湖就是原来的龙须带水库，经旅游开发，在周边广种桃花而改称桃花湖，离燕子岩大约1千米。桃花湖湖面广阔，湖岸线长20千米，湖水平均深度约37米，最深处超85米，湖水明净如镜，四周群峰林立，是典型的喀斯特地貌，湖光山色，与桂林山水同样让人神往。

近年，清新区全力推进民宿旅游，打造了太和古洞"有居"、龙颈镇大坳村"清新人家"、笔架山"山·外"、桃花湖国际民宿度假区的"桃花壹号""21度山居"五大清新民宿示范点。桃花湖国际民宿度假区的"桃花壹号"位于牛迳村，拥有宛若仙境的湖光山色，融合简约设计风格的民宿和质朴、明净的田园风光。2016年4月，中央电视台第七频道《乡土》栏目组对清新民宿拍摄和制作了专题节目。8月，桃花湖艺术小镇暨青年公益周启动仪式

牛迳村村貌（罗炜彬摄）

清新民宿"桃花壹号"（清新区旅游局供图）

在桃花湖畔正式启动，活动吸引一批来自罗马尼亚、埃及、芬兰、俄罗斯以及马来西亚等国的青年才俊来到桃花湖做公益环保活动。桃花湖将成为他们公益活动的实践地和发源地，而桃花湖艺术小镇的名人民宿示范区、文创硅谷、蒸汽朋克山地乐园以及创意农业园4个板块逐步成熟，桃花湖艺术小镇有望成为清远乃至广东旅游一张闪亮的名片。

近年，清新区立足自身的优势资源禀赋，为加快实现农业更强、农民更富、农村更美，提出大力推进以农家乐、民宿为代表的乡村旅游，全方位打造清新乡村旅游大景区，创建国家级全域乡村旅游示范区。清新区编制出台了《清新乡村旅游专项规划》，主动对接省、市旅游规划，特别是广清旅游集聚区规划，深度整合清新丰富的自然、生态、人文、历史资源，重点打造"一纵一横"两条旅游线路和秦皇山、桃花湖、龙颈古村落、石湖、白湾以及三坑共六大民宿片区，大力发展融乡村高端民宿、农业园区观光和农业科技示范等于一体的乡村旅游新模式；出台了《星级农家乐休闲旅游项目评审标准》《民宿管理办法》等规范性文件，加强行业监管，促进行业自律。

清新民宿"桃花壹号"日落湖景（清新区旅游局供图）

（供稿：朱健明；复核：钟洁华）

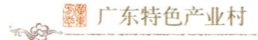

清远市清新区

田塱村·大雾山蒲坑茶

　　田塱村，位于石潭镇北部，距镇政府约21千米。因村庄四周都是水田，故名田塱村。该村位于滨江山区。村庄始建于清代，世居村民为黄姓。

　　清远有众多好茶，如笔架茶、浸潭茶、后山茶、夺元茶和蒲坑茶等，蒲坑茶是名气十足而又颇具平民色彩的好茶，曾号称广东省名茶"四大骄子"之一。正宗传统的蒲坑茶源于清代，产于池水乡白石堡（现石潭镇蒲坑村、联合村），系传统地方名茶。因1950年白石堡改称蒲坑乡，上坑、下坑（即现联合村，又名"南山"）隶属于蒲坑乡管辖，因而统称为蒲坑茶。大雾山蒲坑茶生长在亚热带季风气候高山地区，气候温和、冬暖夏凉、阳光充足，群山青翠、云雾缭绕，土地肥沃、表土疏松、酸碱适度，生长条件优越。蒲坑茶属细叶茶树，枝干幼小，叶细肥厚，耐寒耐热，抗逆强悍，虫害甚小，无须施肥，无须喷药，纯天然生长，是名副其实的纯天然之植物精华；蒲坑茶是按1芽2—3叶或同等嫩度对夹叶的标准采摘。制作时，采用铁锅炒青，期间不停翻炒，控制在适度、均匀、不炒焦为佳，之后再将初制成品的茶叶放

田塱村村貌（谢云龙摄）

石潭蒲坑茶(陈永健摄)

入竹筐内蒸至柔软后再放入布袋内紧裹,人工揉捻,竹木柴明火薰焙干燥。蒲坑茶经常有种焦香味,不知是炒茶时的疏忽还是刻意的效果,使得冲泡出来的蒲坑茶中蕴藏着一种只可意会不可言传的独特茶味。正宗传统的蒲坑茶饱含山川之灵气,品质独特,历史悠久,泡出来的茶又香又纯,爽滑可口。新茶苦涩,喝起来口感一般,收藏多年后再泡(存放越久越好,越陈越香),香气更浓郁,味道更醇厚、爽口、柔滑,甘味无穷,是清远一大特产。

该村于2009年成立蒲坑茶叶专业合作社,种植面积20万平方米。在合作社的带动下,村民陆续回乡植茶,目前种植面积约200万平方米,较好地带动村民致富。2010年蒲坑茶被清新县(2012年12月清新县变更为清新区)定为"一乡一品",并获得清新旅游"金牌手信"称号。

制作成"果壳茶"的蒲坑茶(钟洁华摄)

冲泡后的蒲坑茶(钟洁华摄)

(供稿:朱健明;复核:钟洁华)

广东特色产业村

清远市连山壮族瑶族自治县

蒙洞村·生态旅游

蒙洞村，距离永和镇中心9千米，户籍人口937人，其中壮族527人，瑶族135人，少数民族人数占总人口的70%，村中98%以上的人都姓蒙。明万历四十四年（1616年），蒙姓从广西贺县迁入立寨，祖先夜里梦见住址梅花盛开，取名梦洞、梅村，别名永吉村。主要山岭为锅盖岭，海拔650米；大水口水从村西面流过。全村土地面积524万平方米，耕地面积59.5万平方米。自然环境良好，生态植被丰富。

蒙洞葵园

蒙洞村曾经是连山的落后村庄之一。近年来，永梅行政村蒙洞村利用农村综合改革、扶贫开发、美丽乡村建设等惠民政策，大力开展美丽乡村建设，把当地壮瑶特色融入村庄建设中，使村庄面貌焕然一新。在村庄环境变好的同时，特色农业、旅游业也迅速崛起。

蒙洞村色彩斑斓的创意花海

蒙洞村门楼（唐振严摄）

在村党总支部、理事会的带动下，通过财政奖补、一事一议资金、上级支持和村民自筹等方式，先后共筹集资金258万元建设了1200多米长的村道及下水道；完成了首期26栋有壮族特色的外墙装饰；建成了休闲娱乐的文化公园、具壮族特色的蒙洞桥以及垃圾焚烧炉等，同时，在村道两边、文化室旁种植了1000株梅花。

2016年，蒙洞村种植了百亩9个不同品种的葵花，都是观赏性的菊科向日葵；百亩葵园的效果是震撼的，摄影效果很好。向日葵花朵明亮大方，适合观赏，到了9月，一

休闲回廊（唐振严摄）

山楂果（唐振严摄）

朵朵绽放的向日葵仿佛在向人招手，放眼望去，壮观美丽。

为了进一步优化环境，建造环境优美、和谐美丽乡村，蒙洞村党支部做出规划，将旅游观光项目加入进来作为该村建设的重要一环。接下来的几年，蒙洞村计划继续完善特色村庄建设工程，引资在村内建设100万平方米山楂基地；在村道两边打造一条长达4.5千米的山楂花观光带；并建设一个以原有1000株梅花为基础的梅花园；完善农家乐等硬件设施，建成集观光、旅游、农家乐为一体的现代生态休闲农庄。

（供稿：李凯；复核：植成业）

广东特色产业村

清远市连山壮族瑶族自治县

东风村·春桔

东风村，是吉田镇下辖的边远村庄。耕地面积128万平方米，山地面积1069万平方米。

春桔是东风村特有的水果，每年12月份开始成熟，只要不摘下来，到次年3月甚至4月上旬，果子都非常新鲜。柑桔口味清甜可口，果香浓郁，口味奇佳，备受消费者喜爱，从而为农民带来了良好的经济效益。目前，东风村有423户农户，其中320户种植春桔。2017年，春桔种植面积约259万平方米，全年总销量4800吨，产值2580万元。

东风春桔的成熟期在春节前，过去一般是一成熟就摘下来卖，但是由于春节前各地柑桔大量上市，价格低，且难以销售。有一年，由于桔子价格极低，销售情况差，村民只好任其留在

正在采摘春桔的村民

丰收的春桔

树上。到了三四月份桔子突然畅销并且价格上涨，村民惊奇地发现枝头的桔子还是那么新鲜，而这个时候市场上基本没有新鲜的柑桔了。自从发现桔子可在树上保鲜至下一年三四月，就再也没有村民在年前摘桔子卖了。

近几年来，镇里引导村民成立了专业合作社，规范化种植，东风春桔逐步呈现出产业化、规模化的趋势，成为当地主导产业。

成熟的东风春桔

极具当地民族特色的《哒妹咪叭糍》节目助力农产品销售

（供稿：李凯；复核：植成业）

清远市连山壮族瑶族自治县

梅洞村·大肉姜

梅洞村，位于福堂镇西北部，距镇政府13千米。梅洞村是有着百年历史的广东"生姜之乡"，这里产出的大肉姜是"姜中上品"，是当地村民重要的生计所系。梅洞村是全县的生姜种植大村，全村443户，超过400户村民种植生姜。2015年，种植面积超过66.7万平方米，产量超过千吨，产值达到600万元，户均收入超过1.5万元。不少农户因种植大肉姜而致富，建造钢筋水泥楼，购置车辆，梅洞村成为远近闻名的富裕村。

连山大肉姜

梅洞村村貌（韦光宾摄）

清远市连山壮族瑶族自治县·梅洞村·大肉姜

村民收获大肉姜

连山大肉姜又被称为"辣山芋"，品质独特，尤以梅洞村产的大肉姜品质最优，其姜块肥大，皮薄肉厚，色泽金黄，纤维细小，肉质脆嫩，辣味适中，并略带香味，含多种维生素和氨基酸，远销珠三角及港澳地区，深受消费者青睐。1994 年，广东省省长朱森林在视察连山参加"94 广东山区贫困地区扶贫成果展示暨项目洽谈会"时，欣然挥毫写下"生姜之乡"的题词，使连山大肉姜更加名声远扬。

2000 年，连山大肉姜被广东省政府列入"一乡一品"扶持开发项目，投入资金大力扶持农户种植，并于 2001 年在梅洞等地建立省级高产优质高效大肉姜农业标准示范区。通过示范点带动，连山大肉姜开始走上规模种植之路。至 2005 年，大肉姜被认定为国家无公害农产品，大肉姜农业标准化示范区通过广东省考核验收，并建成标准化生产示范基地，形成高产、高效、优质、产业化经营。2018 年，"连山大肉姜"等产品经国家质检总局批准，被确认为国家地理标志产品。

由于梅洞村地处偏远，交通不便，经常出现生姜难以运出或者运输成本高昂的情况；而且没有进行公司化经营和品牌化运作，因此难以形成稳定和成熟的销售渠道。为此，镇政府着手成立蔬菜合作总社，在农业专业合作社的基础上，进行生姜的品牌建设，从而让大肉姜销往全国。同时，借助于电商企业平台以及当地的各种文化节等渠道和途径，努力促进生姜的销售和推广。

大肉姜丰收（连山壮族瑶族自治县史志办供图）

（供稿：李凯；复核：植成业）

潮州市湘桥区

莲上村·木雕

莲上村，位于意溪镇东部，地处黄田山北麓。该村始建于明末，由陈姓先辈从福建迁此聚居而形成。陈姓以始祖练上之名命村名，因客家话"练"与"莲"谐音，故取名"莲上村"。莲上村是潮州木雕技艺重要传承地，目前村内及周边有众多木雕作坊，产业发展基础良好。

意溪镇地处潮州中心城区东部，与潮州古城隔江相望。意溪镇是国家文化部命名的"中国民间文化艺术之乡（木雕）"、广东省文化厅命名的"广东省民族民间艺术之乡"。该镇的莲上村是木雕技艺重要传承地，近现代以来传承有序，有国家级工艺美术大师陈培臣以及其他多名省级工艺美术大师。

潮州木雕与浙江东阳木雕、东清黄杨木雕、福建龙眼木雕并称为中国四大木雕，以多层次的镂空技艺和金漆装饰为主要特色。2004年，意溪镇被广东省授予"潮州木雕之乡"称号，2006年，潮州木雕被列入第一批国家级非物质文化遗产名录。此后，不少村民抓住这一契机，纷纷外出创办木雕工艺作坊，带动了一批批青年学艺从业，使潮州木雕这一传统技艺得到传承和创新发展。

莲上村木雕艺人人才辈出。近现代主要有陈松尧、张鉴轩、陈舜羌、陈春炎、张莲昌等，当代有陈培臣等。近些年，意溪镇立足于木雕产业优势，借凤城生态水产示范区，省级新农

莲上村的木雕制作（湘桥区地方志办供图）

著名潮州木雕艺人张鉴轩、陈舜羌合作的木雕作品(湘桥区地方志办供图)

村连片示范建设契机,整合河内片区旅游资源,以莲上村为核心规划木艺特色小镇,发展文旅产业。2017年,意溪特色小镇被列入住建部公布的第二批特色小镇。意溪镇将以建设木艺体验馆、木雕陈列馆等项目为基础,打造莲上木雕文化体验村、后径潮绣文化体验村、荆山锣鼓文化体验村等潮州传统技艺和文化体验旅游,构建文化体验、美食品尝、特色住宿为一体的体验式经济。意溪镇将以木雕产业为基础,融合婚纱、陶瓷、麦秆画等潮州优秀传统文化,通过打造总部经济来做大做强产业。

如今,漫步在莲上村,已经可以看到意溪镇正悄然发生着的变化,村中斑驳的旧墙刷上了白漆,墙上画有一幅幅水墨画,一条条文化画廊徐徐展开。相信不久的将来,依托潮州木雕产业,莲上村的旅游产业将逐渐发展起来,而意溪镇将成为广东省内屈指可数的特色小镇。

潮州木雕——蟹篓(意溪镇党政办供图)

(供稿:意溪镇政府;复核:湘桥区地方志办)

潮州市湘桥区

西塘村·手拉朱泥壶

西塘村，隶属于凤新街道。在西塘村，以"章氏·老安顺"为代表的朱泥壶老字号历史悠久，积淀深厚，至今已有300多年的传承。2015年，手拉壶被列入国家级非物质文化遗产保护名录。凤新街道（朱泥壶）被广东省文化厅评为2015—2017年度"广东省民间文化艺术之乡"。现在的西塘村，有大大小小的陶瓷企业、壶艺作坊超过200家，是国家级非遗项目潮州手拉朱泥壶的发源地。朱泥壶既是西塘村的传统产业，更是西塘村的支柱产业，是西塘村振兴发展的重要支撑。

手拉朱泥壶又称朱泥壶，顾名思义为朱泥制成之茶壶。手拉壶制作源自清代中期，采用手工拉坯法成型，与宜兴紫砂壶成型的模制法完全不同，具有细小精致、造型秀美、线条简练、色泽丰润、光滑度高、密封性好等特点。

现代手拉壶由于泥料的更新换代早已实现了品质的脱胎换骨。造型的改进则使手拉壶艺术

朱泥壶制作现场（湘桥区地方志办供图）

西塘村村口（凤新街道党政办供图）

日臻完善，韵达四境——"精、气、神、用"，成为传世艺术精品。

在西塘村，几乎家家户户都办了手拉壶制作室。以"俊合"号、"安顺"号与其他三大字号为首的大品牌引领着手拉壶事业的发展，有些手拉壶已流传到台湾及东南亚地区，并得到广大手拉壶爱好者的一致好评。目前，在西塘村共有手拉壶精英近百人，绝大多数已取得各级技术职称。

把西塘打造成"中国手拉朱泥壶第一村"，做强做大手拉朱泥壶产业是市、镇、村各级政府一直以来的目标。如今，乘着乡村振兴之风，西塘和它的手拉壶迎来了更好的发展机遇。

朱泥壶制作细节（一）（湘桥区地方志办供图）

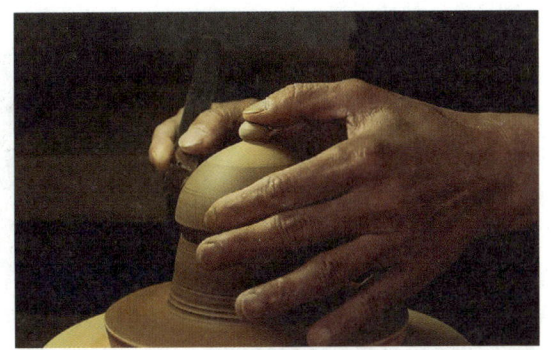

朱泥壶制作细节（二）（湘桥区地方志办供图）

（供稿：凤新街道办；复核：湘桥区地方志办）

潮州市潮安区

蓬洞村·江东竹笋

蓬洞村，位于江东镇东南部，距镇政府8千米。创乡之初，因这里地势高低不平，多废弃窑洞，树木丛生，茂盛蓬勃，远观似蓬洞，故名。蓬洞村始建于明永乐四年（1406年），先祖从海阳县（今意溪镇）的东津桃坑迁此创村。

该村居于韩江下游，东溪西岸，江东洲岛东南部，地势为全镇最低，多为冲积土，有"坚如火石，湿如膏药，三日无雨大旱，一场大雨水满洋"之农谚。1949年前，几百亩"湖田"每年几乎只耕种一季。中华人民共和国成立以后，村民

江东竹笋（潮安区地方志办供图）

江东竹笋（潮安区宣传部供图）

采摘竹笋（潮安区宣传部供图）

们用勤劳和智慧，进行平埔改土，改造低洼田，改良土质，挖沟排涝，兴修水利，把荒埔变为良田，使粮食产量逐年增加。

江东镇四面环水、雨量充沛，土壤疏松且富含多种矿物成分，适合竹子生长。在潮州，江东竹笋远近闻名，蓬洞村是江东镇里种植竹笋面积最大的一个村，种植麻竹笋已有数十年历史。全村600户人家，有200多户以种植竹笋为生，全村种植面积100多万平方米。农民从零星分散种植发展到规模化种植，竹笋种植水平和经济效益大为提高。

蓬洞村出产的江东笋绿色无公害，味道佳，是人们喜欢的佳肴之一。其壳薄肉多，口感细腻甜脆，味道清爽甘美。竹笋还可晒成笋干或腌成酸笋，笋干炒鳗鱼和酸笋煮鳗鱼是名菜。

清明前后开始采收春笋，七八月份为竹笋的盛收期。鲜笋含水量高，属鲜嫩食品，其味清香鲜美，为菜中珍品。选购春笋以质地鲜嫩，黄色或白色为佳。鲜竹笋是鲜菜，越新鲜越嫩吃起来口感越好，因此保鲜很重要。买回竹笋后在切面上涂抹一些食盐，然后将它放入冰箱中冷藏，吃起来鲜嫩爽口。

全笋宴（潮安区宣传部供图）

（供稿和复核：潮安区地方志办）

潮州市潮安区

洲东村·菜脯

洲东村，位于江东镇东北部，面积0.623平方千米。始建于明万历元年（1573年），因地处韩江东溪西岸冲积沙滩之昔时仁里庙洲的东面，故名洲东村。该村的特色农产品主要有菜脯、香蕉、蔬菜等。2015年6月，被广东省人民政府认定为广东名村。

菜脯是潮州有名的土特产。在潮州，萝卜称为菜头，被晒干的称为脯，所以菜脯即萝卜干，是一道经典的地方风味小吃，与潮州咸菜、鱼露并称"潮汕三宝"。产于江东镇洲东村的菜脯，以其色泽黄珀鲜艳、味道香甜、肉厚酥脆等特点而著称，深受人们喜爱，产品畅销海内外。现洲东村有多家企业在收购、制作、销售江东菜脯。

早在清乾隆年间，江东人就开始种植萝卜。由于江东人到东南亚一带谋生比较早，市场信息灵敏，在家乡开加工萝卜干的先河，加工制作萝卜干（菜脯）。江东菜脯选用上品江东白萝卜，用清水洗净后，于上午八点，将萝卜均匀铺好，让其充分曝晒；午后两点，必须挨个翻面，使曝晒更为均匀；下午五点，将菜脯放在竹苫中囤实，一层菜脯撒上一层盐，装满后封盖，再压上大石。如此工序重复20余天，但是盐分要逐渐减少，直至菜脯变为金黄色方可停

工人晒菜脯（潮安区地方志办供图）

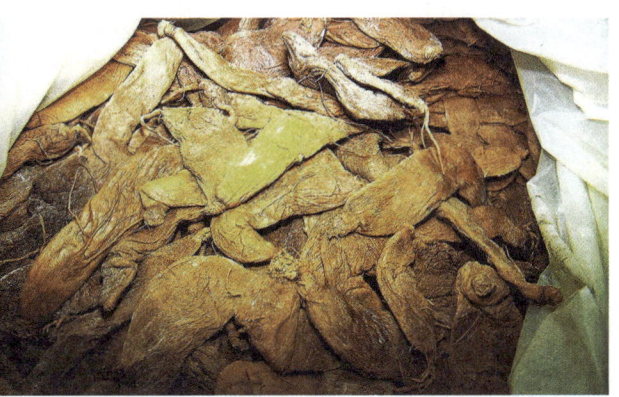

菜脯（潮安区地方志办供图）

止。而后，将菜脯装入干净的陶瓷容器内压实，用黄泥封口，半年之后方可取出食用。

萝卜在民间素有"小人参"的美称，营养丰富，含有能诱导人体自身产生干扰素的多种微量元素，铁质含量很高。所以，萝卜干是最便宜也是最好的养生食品。萝卜干常于早餐直接食用，或作小吃，或者作潮菜配料，如潮州名菜"菜脯蛋"、著名小吃咸水粿等。另外，萝卜干能用于保健，有开胃消食、消风行气之效。十年以上的老菜脯，一碰即化，用以冲水饮用，止咳化痰、消食开胃、清热解毒功效甚为明显。

如今"一村一品"是江东镇经济的发展模式，洲东村成立了萝卜种植专业合作社和广东蔡氏食品实业有限公司，经营宗旨是以质量为基础，弘扬"江东菜脯"品牌文化，使家乡的味道得到传承。广东蔡氏食品实业有限公司已通过国家 SC 认证，成立了食品研究所，针对萝卜药食同源的特点，以标准化生产为出发点，以提高产品的质量安全为核心，以生产安全、卫生、无公害的传统绿色食品为目标，对产品实施"从产地到餐桌"的全程质量监控，开发"江东菜脯"系列品种，注册了"呷己人"商标，荣获"潮州名手信"称号，产品不断创新、创优，不断超越自身，为推动中国传统食品行业发展尽心尽力。

现潮汕菜脯经过加工和包装，已经成为地方特色的送礼佳品，海外华侨回潮汕探亲离开时最喜欢带走的"家乡味道"。

晾晒菜脯（潮安区地方志办供图）

（供稿和复核：潮安区地方志办）

潮州市潮安区

井里村·中医药

井里村，隶属于浮洋镇，是一个古医书成就的传奇村落。井里村并不大，方圆不过1平方千米左右，西有缓缓而来的榕江，东有滔滔韩江水，桑浦山坐落在该村的西南面。井里村至今有600多年历史，早在宋代就有先民来此聚居，起初是一个杂姓聚居之地。明永乐年间柯氏始祖柯辛吾从福建莆田南迁至此，逐渐发展为望族，柯氏如今已是一姓独大。裔孙们认为这归功于明初有名的隐士何野云。

据说何野云是元末农民起义军领袖陈友谅的军师，兵败后云游四方。当年何野云云游到潮汕，相中了现今井里村一带，于是建议柯辛吾到此创基，并告知柯辛吾可以先埋下一块踏斗石，然后再筹钱买下周围山地。后来，柯氏一族就靠这一片土地起家。

井里村仅有人口1700多人，却有100多名郎中悬壶济世，足迹遍布潮汕地区、深圳、惠

井里村村貌及"岐黄第一村"牌坊（潮安区地方志办供图）

井里村新建的太安堂广场（潮安区宣传部供图）

州、海南等地，尤其在儿科、皮肤科、内科等方面比较出名。让井里村中医药产业声名鹊起的是源自柯玉井传下来的一部古医书。

据说，五世祖柯玉井考中进士后，官至梧州府同知署理正堂时，结识了御医万邦宁。御医因皇帝宠妃不慎流产，被株连流放梧州。柯玉井毫不避嫌，对御医尽心款待。御医在背井离乡落难之时，能受如此对待，自然深受感动，就将自己编撰的御医宝典《万氏医贯》赠予柯玉井。柯玉井如获至宝，拜万邦宁为师，日夜研习医书，医术精进神速。后来，他弃官从医，身携御医宝典《万氏医贯》返回家乡井里，创建太安堂，悬壶济世，治病救人。

于是，这部《万氏医贯》秘本在柯氏族内代代相传，柯姓成为远近闻名的中医世家，问药者络绎不绝，有口皆碑。柯玉井后裔人才辈出，太安堂历代传人因"宝典"在手，皆"一学即成名医"。迄今，这本古医书《万氏医贯》已传承了16代近500年。井里村因涌现了大批从医人才，自称"岐黄第一村"。

《万氏医贯》古书

太安堂13代传人雕像

（供稿和复核：潮安区地方志办）

潮州市饶平县

岭头村·白叶单丛

岭头村，位于饶平县西南部，始建于明正统年间，至今有500多年的历史。其旁有荆山村、虎头山村、新埔村，村内绿树成荫、物产丰富，附近海拔1036米的双髻娘高山山腰是岭头单丛茶的原产地。

岭头村群山环抱、四季如春，常年云雾缭绕、清泉潺潺。中华人民共和国成立前，有一茶农在高山上发现长势挺拔、枝叶迥异的一株茶树，所产的茶叶气味特佳。经繁殖培育，在自家茶园大面积种植，所产的茶叶市场售价比常茶高出好几倍，因而家境殷实。中华人民共和国成立后信息公开，经历风风雨雨10多年，于1961年由岭头村村民将面临失传的茶种繁殖成现今的白叶单丛茶，并广为种植精制。

岭头单丛，又称白叶单丛，因叶色黄绿（即色浅）而得名，有"白叶仙子"美誉。1981年由农业部正式命名为"岭头单丛"，是乌龙茶类中的著名品种。岭头单丛的特点是叶片大、芽肥嫩，成茶外形条索肥壮紧结重实，条直粗壮，色带褐似鳝皮，油润显光；内质香气浓郁，具有特殊的自然花蜜香气，清高持久，香型与凤凰单丛的花香区别明显，在目前茶类中极少见。其茶汤色橙黄、清澈明亮、滋味浓醇、蜜润回甘，叶底肥厚柔软黄亮，红边明

岭头村村貌（饶平县地方志办供图）

三月采茶忙（肖建生摄）

岭头单丛茶（饶平县地方志办供图）

显，耐冲泡。

岭头单丛茶树良种是优质高产型。当前，饶平县的岭头单丛茶种植面积已有4000多万平方米，年产量5500吨，产值1亿元，种植农户3万户，各类茶叶加工企业400多家，各类销售茶店2000多家。岭头单丛茶树良种为广东乌龙茶生产与发展作出了巨大贡献。岭头单丛茶在全省推广种植面积已超过13334万平方米，成为广东省乌龙茶区的主栽品种，已有很多单位生产岭头单丛乌龙茶产品，在历年的茶叶评比活动中获得国家及省名优茶、特等奖、金奖等荣誉。

多年来，岭头单丛茶好评不断，屡获殊荣，1986—2007年先后荣获"中国名茶""国家文化名茶""中国国际名优新产品博览会金奖""中国国际名茶博览会金奖""国际茶文化节单丛茶王""国际名茶金奖"等荣誉17项。1981—2008年先后获国家级、省级鉴定及认证13项。岭头村被誉为"中国岭头单丛茶之乡"。

（供稿和复核：饶平县地方志办）

岭头村单丛茶园（饶平县地方志办供图）

广东特色产业村

潮州市饶平县

溪楼村·原种狮头鹅

溪楼村，位于浮滨镇东北部的丘陵地带。始建于明万历年间，村民主要为张姓。该村狮头鹅驯育和饲养历史悠久。明万历年间，张姓祖先利用该村气候温和、雨量充沛、土壤肥沃、环村小溪的自然环境和谷物丰盛、饲料充足的物质基础，开始从野生鹅类中选择体型较大的个体进行家养、驯化、选育，最终繁衍出体壮、颈长、头部长有5个瘤且形态极似狮头的鹅种，称狮头鹅。

狮头鹅仔（饶平县地方志办供图）

狮头鹅属大型鹅种，最大的公鹅可达15千克以上。狮头鹅，不仅因为头顶的5个瘤状似狮头，更重要的是它像狮子一样高大威猛，气度非凡。其肉质细嫩、鲜美、营养丰富。狮头鹅产蛋量少，所产鹅蛋体积比普通的鹅蛋大许多，每一枚蛋都十分珍贵。以前以农户散养为主，大部分农户都有养殖，现主要集中于少数专业户，以张锡其为龙头大户，该户种鹅存栏1600多只，肉鹅年出栏2.5万只，其他有5—8户

狮头鹅戏水（肖宏长摄）

浮滨狮头鹅（饶平县地方志办供图）

小规模养殖户，户数每年有些变化。该村养殖狮头鹅实行"合作社（大户）+农户"联结发展模式，大户牵头注册饶平县浮滨溪垅楼种养专业合作社，为其他小规模养殖户提供种苗、技术及销售渠道等。

据1994年版《饶平县志》记载：1956—1957年，狮头鹅先后2次送往广州，参加全省、全国农牧业展览。农业部多次派人选购种蛋和种鹅，调往河北、河南、湖北、湖南、四川、福建等14个省市，并输往东南亚、欧洲等地区繁育。

改革开放后，饶平逐步重视原种狮头鹅的选育、优化和扩群工作。1998年，国家科委批准饶平实施星火计划《狮头鹅原种大规模扩群养殖技术开发》项目；1999年，农业部批准实施《冬闲田种草养鹅技术》丰收计划项目；2000年，广东省人民政府批准浮滨镇实施《狮头鹅原种技术开发与推广》项目以及其他相应的配套项目；2001年5月，浮滨镇获广东省"一乡一品"议案项目——浮滨镇狮头鹅肉鹅养殖示范基地，原种狮头鹅的发展进入一个新阶段。2012年，饶平狮头鹅被确认为国家农产品地理标志产品。

近年来，饶平狮头鹅饲养量逐年增加。2018年，全县种鹅存栏7.8万只，肉鹅饲养量196万只，饲养100只以上的专业户有400多户，年产值5600多万元。其中，溪楼村种鹅存栏3000只，孵出鹅苗4.2万只，肉鹅年出栏8500只，年总产值1050万元。通过饶平县立兴农业开发有限公司、饶平县浮滨丰乐狮头鹅饲养有限公司、饶平县硕然狮头鹅有限公司等龙头企业带动，规模不断扩大，销售顺畅，行业发展势头良好，市场前景十分广阔。

鹅蛋与鸡蛋对比（饶平县地方志办供图）

（供稿和复核：饶平县地方志办）

潮州市饶平县

南村·深坑茶

南村，位于新塘镇西南部，属革命老区，地处丘陵地带。全村耕地面积34万平方米，山地面积198万平方米。2005年12月，南村被潮州市评为生态示范村。2011年，南村的深坑自然村被评为"全国一村一品示范村"。近年来，全村上下立足实际情况，发挥山地资源优势，大规模垦山种茶，全面实施农业产业化发展，加快茶叶产、供、销产业链的建设，提高茶叶的生产效益，进一步充实和完善茶叶示范基地，有效地促进了当地群众增产增收。

清康熙年间，新塘镇已经普遍种茶。南村，位于饶平北部半高寒山区，海拔较高，年降雨量1500—2000毫米，年平均气温22.1℃，冬暖夏凉，日照较少，云雾环绕，山地资源丰富，土壤肥沃，土层深厚，表土疏松，质地好，便于开发利用，茶苗种植后易成活，产量高，是出产名茶的好地方。

南村的成片茶园（饶平县地方志办供图）

深坑村名茶茶园（饶平县地方志办供图）

深坑村出产的茶叶品种有黄枝香、芝兰香、玉兰香、宋茶等，深受社会各界人士的好评，远销海内外市场，深坑茶成为该村一张亮丽的名片。正如深坑村的楹联所书："深山茗香飘万里；坑泉茶韵溢千家"。目前，南村深坑茶种植面积达83万平方米，年产量达125吨，茶叶相关产业产值3700多万元，每户村民均参与种植和加工茶叶，全村茶叶种植农户140多户，每年茶季都有茶商上门收购。

深坑村紧挨世界畲族发源地石古坪，新塘镇规划打造以深坑为中心，包括5个村573万平方米茶园、53万平方米竹园、2128万平方米生态林的集生态、观光、旅游为一体的绿色生态农业。2016年已做好项目的详细规划，也有部分乡贤到深坑村进行实地考察。新塘镇将继续与有意向的乡贤进行接洽，争取绿色生态园早日完成规划和建设，进一步做大做强茶产业文化，从而带动全镇的经济发展。

南村茶园（饶平县地方志办供图）

（供稿和复核：饶平县地方志办）

广东特色产业村

揭阳市揭东区

坪上村·坪上炒茶

坪上村,位于玉湖镇东北部。始建于明代初期,该村坐落于揭阳、潮州、梅州三市交界处,为四面环山的盆地,因此取名坪上,曾用名赤秋溪。坪上村地处小北山主脊,村庄像一口大锅,地理位置独特,山地平均海拔1000米,最高处海拔1144米。高山峻岭环绕村庄,村内天然泉眼众多,土质呈微酸性,质地松软,适合茶叶的生长。坪上村有耕地面积45.5万平方米,山地面积3667万平方米。

潮汕地区的人们无茶不欢。在诸多潮汕名茶之中,产自揭东坪上的绿茶,以口感醇厚、

坪山制茶工艺——升茶(黄岳平摄)

坪山采茶(杨子斌摄)

坪上村村貌（洪树文摄）

坪山制茶工艺——杀青（黄岳平摄）

回甘好、长期喝不伤胃而享誉全国各地及东南亚一带。2015年，坪上村有绿茶种植面积2333万平方米，年产茶叶近175万千克，年产值近4亿元。茶叶种植加工已经成为全村的支柱产业，有大小茶厂400多家，上规模的茶叶加工厂50多家，其中，尖笔崬、坪香、玉蕴香、坪上蕴肚、茗亨源、玉湖山、玉湖林等企业商标声名远扬。坪上绿茶已获得国家无公害农产品认证并完成商标注册。玉湖炒茶制作技艺于2012年被列入广东省第四批省级非物质文化遗产名录。"坪上炒茶"名闻遐迩，畅销海内外，成为揭东对外宣传的一张亮丽名片。

坪上炒茶之所以能以经济实惠和适合工夫茶冲泡而声名远扬，有赖于坪上绿茶独特的制作技艺。"坪上绿茶"制作工序古朴而又极其考究，素有"五房好'凤梨'（菠萝），坪上好茶师"之美誉。茶叶经过杀青，再反复炒制，茶叶由青绿色炒制成红褐色。中重火炒制的坪上绿茶，为坪上炒茶的特色。经过炒制的过程，绿茶的茶性由苦寒变得温厚，茶汤色黄红，醇厚回甘。因而，新炒茶具有性温偏热、味甘、养胃、提神的特点。经年储藏的老炒茶颇似优等普洱茶，醇厚柔滑。

坪上玉湖山（揭东区地方志办供图）

（供稿和复核：揭阳市地方志办）

揭阳市普宁市

宝镜院村·太空花卉

宝镜院村，位于洪阳镇东部。清康熙年间建村，因村中有一小山丘形似镜，故名。清道光初年，已有"花果苗木之乡"的美誉。目前，已发展为集生产、贸易、观赏于一体的创汇型"花卉之乡"，是广东省内独具特色的花卉生产基地和花卉专业市场。近年来，该村立足传统种植，发挥科学技术优势，通过太空育种培育新品种，闯出了一条"花卉致富"的新路子。

2009年，针对花木市场的发展形势，该村注册成立了普宁市万花园花卉苗木专业合作社，聘请专业技术人员担任企业负责人，采取"合作社+基地+农户"的模式经营。还投资30多万元，建立了普宁市万花园花卉苗木专业合作社信息网站，收集了村里种花大户的信息上网推介，构建信息网络交易平台，借此平台，该村花卉苗木产业发展成为村镇的支柱产业。

宝镜院村村貌（普宁市地方志办供图）

报年红（普宁市地方志办供图）

该村于2009年开始联合广东省仲恺农业工程学院、揭阳学院共同研发"含笑高枝嫁接"技术集成与应用项目，并聘请花卉园林专家培训专业技术人才，至今该村已有200多名村民获得中级园林、园艺专业资格。2013年以来，该村花卉苗木每年交易总额均达5000多万元，村民们通过花卉种植过上了好日子。

近年来，该村实践探索了"协会驱动、龙头带动、科研推动、网络拉动、内外联动"的"五动"发展模式，加快花卉苗木绿色经济的发展。其中的内外联动即依托"万花园"的优势，主动联络在外的乡亲，跑市场、揽业务，做大做强花卉业；同时，打破用地制约，动员村民外出租地种花，据统计，该村到外地乡镇租地达867万平方米，有500多户花木大户远赴珠三角、海南、江西、福建、云南、广西等地拓展花木经营。

蝴蝶兰（普宁市地方志办供图）

（供稿和复核：揭阳市地方志办）

云浮市云城区

红营村·红营茶

红营村，位于安塘街道西南部，距街道办事处12千米，是安塘街道最边远的一个行政村，山地面积833万平方米。村民以农业生产、办果场及务工为主。

红营村的上山自然村二蹬岭茶场，气温适中，雨量充沛，盛产红营茶，春梢茶叶，色泽翠绿，叶质柔软，茶味鲜醇甘口，香气醇厚，红营茶是绿茶较好的品种之一，除在

红营茶场（云城区史志办供图）

红营村二蹬岭茶场（云城区史志办供图）

二蹬茶山（云城区史志办供图）

云浮市区范围畅销，还远销粤港澳各地。红营二蹬岭茶场的茶品种还有乌龙、铁观音，以及台湾品种金酸、翠玉以及台红18号等。

红营二蹬岭茶场每个小山包上都被一层层的茶树包围着，像一条蜿蜒盘旋的长龙。茶场共建成12万平方米茶园、1000平方米厂房和800平方米的员工宿舍。该茶场年加工茶叶20吨，年产值约100万。茶场长期聘请台湾、福建名师对茶园管理及制茶工艺进行技术指导。茶园下设茶叶精品工场、茶文化研究室、苗圃及销售直销部。其中，有30名员工为当地村民。红营茶场运营公司计划将茶场用地扩大到66.7万平方米，将二蹬岭茶场建成现代农业和休闲度假的新兴项目，实现"公司+基地+农户+旅游"的乡村振兴新模式，带动村民就业200人次，使村民人均年收入增加8000元以上，使茶叶生产、农业旅游成为当地农民奔小康的重要途径。

采茶（云城区史志办供图）

（供稿和复核：云城区史志办）

广东特色产业村

云浮市云城区

牧羊村·云石

牧羊村，位于云城街道东北部，国道G324线及牧羊路贯通该村，交通便利，是"云石"矿山之地。"云石"黑白相间，条纹清晰，似河川山溪，似浮云轻雾，是高档家居装饰品。400年前，村中石匠开山凿石，使牧羊村成为中国最早的石材产业发源地之一，有"云石之乡"之称。

清咸丰七年（1857年），云浮已有石匠兴办手工锯石作坊，产品称为"东安花石"，出口东南亚。1954年3月，牧羊村云浮首家公私合营的石料厂成立，生产石米、石粉。1959年2月，云浮石艺人将云浮的大理石板材运赴北京装饰人民大会堂广东厅，

云石雕刻作品（云城区史志办供图）

云浮国际石材博览中心（云城区史志办供图）

云城区五丁诞文化活动（云城区史志办供图）

从此，云浮石材在北京就有了一席之地。1978年，牧羊村成立云浮首家个体石材厂，随后，个体石材厂如雨后春笋，蓬勃发展。1986年，引进西德、意大利设备，开创中国现代石材工业之先河。1988年，云浮石艺人研制的大理石壁画《天长地久》运往埃及，镶嵌在开罗国际会议中心，云浮石材闻名中外。云浮石材有13大系列、23个类别的产品，年产各类板材6000万平方米，石工艺品500多万件套。

云浮市牧羊路是名副其实的云石一条街和玉石一条街，短短的1千米多的街道，云石板材和云石台、凳、茶几及云石工艺品琳琅满目。有名玉藏家、玉通天下工艺城、牧羊工艺中心、云浮玉石工艺城等玉石市场。其中，玉通天下工艺城面积约28000平方米，是全市最大的玉石工艺及玉石创品的批发市场。牧羊石材（云石）年加工各类板材约650万平方米，年产值约2.5亿元，大部分村民参与石材加工、经营。

在云浮市，有个真实版的愚公移山故事。当地人400多年来挖山不止，竟将一座方圆数里、高数百米的大石山铲平，如今只剩下一大一小两个"小不点"，就像两座雕像矗立着，见证着沧海桑田的变化。当地政府明令相关企业停止云石开采，保护仅剩的历史遗址。曾经驰名天下的云浮云石，目前已经停产，市场上仅剩下未加工的2000多立方米原石。现存的两座"小石山"，面积约860平方米，是当年出产著名的代号为"401""402"云石板材的云浮石料开采遗址，也是云浮最早、最大规模开采云石的地方。该遗址在2012年底被列为第七批广东省文物保护单位。

云石遗址公园（云城区史志办供图）

（供稿和复核：云城区史志办）

云浮市云安区

山仔头村·卡蒂姆咖啡豆

山仔头村，位于镇安镇西部。该村传统经营以种植水稻、花生、木薯为主，兼种桑养蚕、织麻布等。今村民主要收入来源为从事石材经营，装修，种植咖啡、美藤果等。

山仔头村所在的民强行政村是革命老区村。2013年起该村开始种植咖啡，是扶贫工作的帮扶项目之一。扶贫驻村工作组经过反复调研，发动群众种植咖啡，并于当年8月26日登记注册成立云安卡蒂姆咖啡种植专业合作社。合作社成员123人，其中农民成员113人，占成员总数的91%。成员主要在民强村，以点带面向外拓展。合作社以"公司+基地+农户"的形式，组织、带动附近村民种植咖啡。2013年底至2014年初，帮扶单位佛山市南海区补贴种咖啡苗款后免费发放1.5万株种苗给民强行政村内的农户种植。同时，合作社大力开展咖啡育苗工作，开辟一个占地面积1.3万多平方米的育苗大棚，大棚搭起了遮阳膜，还安装了自动喷灌系统，15万多株咖啡苗长势良好，可供扩种33万多平方米。2015年初，全镇咖啡种植面积33万多平方米，其中民强行政村山仔头村种植基地13.3万平方米，参与种植农户182户，进入扩

咖啡豆种植园（云安区史志办供图）

村民检查咖啡树（云安区史志办供图）

大种植规模阶段。2017年，咖啡种植面积46.7万多平方米。一亩山地可以种200—220棵咖啡树，盛产以后每棵年产量15千克左右，按照市场价每千克鲜豆10元计，每亩年产值3万元左右，比种植其他经济作物效益更高。当地农户参与咖啡种植的积极性大增，云山咖啡基地渐成规模。

咖啡树适应能力强，病虫害容易控制，但对光热的要求比较高，山仔头村的山地气候很适合咖啡生长。咖啡树不能长期在阳光下暴晒，于是农户在咖啡树旁边种上高大的遮阳树。春季时开出的白花很漂亮，除了在山地种植外，还种在房前屋后，发展"庭院经济"。咖啡苗的种植行距1.8—2米，株距1.3—1.5米。咖啡树一般种3年就可以挂果。一株咖啡树可以存活30—40年。在小苗还没有完全长大之前的2—3年，农户套种其他作物，充分利用好宝贵的山区土地资源。

山仔头村所种的卡蒂姆咖啡为世界顶级咖啡品种之一，经过6—7年的咖啡试种、培育到初具规模的种植过程中，克服了很多咖啡品种在广东种植过程中出现的水土不服现象，最终探索出适合广东大面积种植卡蒂姆咖啡的种植方式，完成了育苗、种植、加工、产品品评工作。在山仔头村的种植基地可以看到，大片的咖啡树布满了整个山头，长势非常好。成熟的果实采摘后，经晒干、烘焙、研磨等系列加工工序，便成为市面上的咖啡商品。

咖啡豆（云安区史志办供图）

（供稿：镇安镇政府；复核：云安区地方志办）

云浮市罗定市

山河村·罗定肉桂

山河村，位于㙟滨镇东部。全村有山林821万平方米，森林覆盖率81%。据史料记载，㙟滨镇在清代已经种植肉桂。2017年，山河村肉桂种植面积520多万平方米，按市场价每亩可收益2000元，年产值达1560万元。种植肉桂是当地群众主要经济来源，当地人称肉桂树是"摇钱树"。

㙟滨镇地处云开大山山地，属亚热带季风气候，森林覆盖率77.8%，位居云浮之首，全年气候温和宜人。近年来，该镇依托得天独厚的自然条件，树立肉桂品牌，使肉桂生产种植得到了快速发展。目前，㙟滨镇共种植肉桂9400万平方米，占全镇山林面积的77.9%。2017年，全镇生产桂皮12000吨、桂油400吨，肉桂初始产值2.1亿元，占全镇总产值的34.06%。仅肉桂产业一项，人均年纯收入就有2500多元。肉桂成了农民的致富树，㙟滨镇也成了名副其实的中国肉桂之乡。

肉桂全身都是宝，枝、果、叶均可药用。枝叶蒸馏提取桂油，桂果可作茶茗。桂皮气芳

山河村村貌（㙟滨镇政府供图）

待装车的肉桂（罗定市新闻中心供图）

香，味甜辣，研粉可作药品、食品、调味料、香料和化工原料等。桂油是主要副产品，其主要成分是肉桂醛、肉桂酸、肉桂醇，广泛应用于食品、香料和医药，也是制作香皂和化妆品的重要原料。在食用上可作为饮料及糖果等食品之香料配剂，市场上多种名牌碳水化合物饮料均含有桂油。肉桂在两广和越南等部分地区能够种植生产，对桂皮、桂叶进行深加工后，产品远销国内外，供不应求。

罗定肉桂（罗定市地方志办供图）

2000年，榃滨镇肉桂生产基地被广东省政府列入"一乡一品"扶持项目；2002年，荣获"中国肉桂之乡"称号；2004年，被认定为云浮市优势农产品示范基地；2006年，被广东省科技厅认定为"肉桂生产专业镇"；2010年，被评为国家科技富民强县专项行动计划示范镇；2013年，榃滨镇在国道G324线山河村九张塘路段两旁建立起肉桂综合示范基地，该基地面积133万平方米，共有450户肉桂种植户，辐射带动近9000户农户扩种肉桂667万多平方米；2014年，基地被认定为国家级肉桂丰产栽培技术标准化示范区；2016年，被评为广东省中医药文化养生旅游示范基地。

2008年罗定肉桂被确认为国家地理标志产品；2013年入选"广东十件宝（旅游土特产类）"。

罗定肉桂主题公园（罗定市新闻中心供图）

（供稿：榃滨镇政府；复核：罗定市地方志办）

广东特色产业村

云浮市郁南县

便民村·无核黄皮

便民村，位于建城镇南部，省道S279线旁。村庄自然环境优美，村民以种植无核黄皮为主要经济收入来源，无核黄皮产业为该村支柱产业。

郁南无核黄皮原种母树由郁南县建城镇人曾乃桢引入，其于1934年卸任乐昌县县长后回家乡建城兴建"千园"别墅时，其同僚赠送一批良种水果，其中包括挂绿荔枝、无核黄皮，植于其"千园"别墅内。1960年，

无核黄皮（建城镇政府供图）

便民村无核黄皮种植基地（建城镇政府供图）

"中国无核黄皮之母"石碑（建城镇政府供图）

其中的无核黄皮在广东省水果资源普查时被发现并被确认属广东省优稀水果之一。1986年，郁南无核黄皮在广东省第二次优稀水果鉴评会上获得"广东省优质水果"称号。1987年，广东省农业展览馆与郁南县农委、建城镇政府在建城联办无核黄皮苗圃1.7万平方米，取母树枝条嫁接培育无核黄皮种苗，1990年无核黄皮嫁接苗近5万株，建立无核黄皮基地66.7万平方米。到2000年底，郁南县无核黄皮基地已发展到4143万平方米，其中投产面积1353万平方米。种植郁南无核黄皮已成为郁南县农村经济发展、农民收入增加的支柱产业。

2017年，建城镇无核黄皮种植面积达1133万平方米，投产面积933万平方米。其中便民村建立了33.3万平方米无核黄皮标准化示范基地，运用绿色食品标准化栽培技术，以"合作社+合作社"的模式，构建农工贸一体化、产销"一条龙"的农业现代化体系，扩大无核黄皮产能。基地在2016年被评为"广东省巾帼创业示范基地"。同时，便民村被国家农业部评为"全国一村一品示范村"，是典型的无核黄皮种植专业村，也是"郁南无核黄皮第一村"。2017年便民村无核黄皮产量3600多吨，产值约3250多万元。随着无核黄皮产业的快速发展，无核黄皮系列产品被广泛传扬，通过对种植户产销结合的综合性培训，无核黄皮衍生农产品如无核黄皮干、无核黄皮饼、无核黄皮茶、无核黄皮育苗等得到开发，依靠科学优质的保鲜技术，建城镇无核黄皮及其衍生农产品经线上线下销售平台远销全国各地。

建城镇牌坊（建城镇政府供图）

（供稿：建城镇政府；复核：郁南县农业农村局、郁南县地方志办）

云浮市郁南县

庞寨村·黑叶荔枝

庞寨村,位于宝珠镇北部。庞寨村以名人庞嵩之姓命名。庞嵩,明代官员、学者,辞官后到西宁县(1914年改名郁南县)讲学,先落籍建城,其后人居于该村,取名庞寨。宝珠镇山地、丘陵众多,全镇紧靠北回归线,自然生态环境优越,水质优良,土壤肥沃,种出的黑叶荔枝风味独特。当地黑叶荔枝种植起源于庞寨村,后来不断辐射扩种至全镇。当地农民经济收入主要来源于荔枝种植,故有"荔乡"之称。

庞寨黑叶荔枝,在民国版《西宁县志》、1995年版《郁南县志》和《郁南县志(1979—2000)》均有记载,已有500多年的历史。黑叶荔枝,又名乌叶荔枝,是荔枝的一个品种。因叶色浓绿近黑,故称黑叶。庞寨黑叶荔枝多生长在池塘边,以及河边的沙坝土质地中,具有色泽鲜艳、果肉洁白如玉、去壳后纸包过夜不湿、结实如冻膏、入口爽脆、清甜可口、果大

黑叶荔枝(郁南县地方志办供图)

庞寨黑叶荔枝丰收（郁南县地方志办供图）

核细、皮薄肉厚等特点，是西江一带久负盛名的名品佳果，也是岭南"四大佳果"中的佼佼者，素有"岭南珍果"的美誉。

2004年，庞寨村获"云浮市优势农产品示范基地"称号；2016年被国家农业部评为"全国一村一品示范村"。2012年庞寨黑叶荔枝获得中国绿色食品认证；2016年经国家质检总局批准，庞寨黑叶荔枝被确认为国家地理标志产品；2017年11月入选广东省第二届名特优新农产品。2018年12月宝珠镇被广东省专业镇发展促进会认定为广东省技术创新专业镇（黑叶荔枝、鸡心黄皮）。截至2018年底，宝珠镇的庞寨黑叶荔枝种植面积2533万平方米，已形成庞寨、宝珠、大林、大用四个行政村公路沿线长达12千米的"荔枝走廊"，共有种植基地12个，带动种植户2500户，相关公司5家、农民专业合作社9个，成为支柱产业之一。

为了建立庞寨黑叶荔枝的品牌，促进庞寨黑叶荔枝产业的迅速发展，近年郁南县通过举办"荔枝品尝节"、产销对接签约等，大力宣传和推介庞寨黑叶荔枝，吸引了众多新闻媒体的关注和报道，使庞寨黑叶荔枝知名度不断扩大。创新"农业+合作社+电商"销售模式，通过县农产品电子商务产业园和农业大数据"互联网+"平台，引导荔枝专业合作社与多家电商平台合作，使庞寨黑叶荔枝走向全国各地。此外，当地还推进"旅游+农业"融合发展模式，积极传承和发扬荔乡文化，开拓荔枝旅游文化资源，建设了集生态农业、原生态园林观光、绿色农产品购物与采摘的休闲环保农林参与体验游，提升了"荔乡"的品牌价值。

庞寨黑叶荔枝推介会（郁南县地方志办供图）

"国家地理标志保护产品"牌匾（郁南县地方志办供图）

（供稿：宝珠镇政府；复核：郁南县地方志办）

云浮市郁南县

思磊村·东坝蚕茧

思磊村，隶属于东坝镇。全村80%的农户都种桑养蚕，种桑面积为82万平方米，可以说是漫山遍野都是桑树。

思磊村土地肥沃、气候温和，种桑投产快，当年种下的桑树当年就可养蚕，而且桑树生长期长，一年可养蚕7—12批，亩桑产量及产值均达到全省先进水平。思磊村生产的蚕茧具有形大、品质优、拉丝长、光洁度高等优点。为了让产品有更好的销路，该村组建了专业合作社，目前已有200多户加入。合作社统一种植管理标准，统一施肥喷淋，统一应对市场。除了蚕茧外，主要特色产品还有蚕丝被、桑叶茶、桑果酒等。

近10年来，东坝镇党委、镇政府结合实际情况，主攻蚕桑生产，扩大规模，提高产量和质量，根据蚕茧的市场形势和该镇实际，制定了蚕桑发展目标。2017年，全镇桑园面积发展到2000万平方米，全镇产茧量为5500吨，产值约1.37亿元（按25元每千克计）。目前东坝镇的蚕

东坝蚕茧（郁南县地方志办供图）

蚕茧养殖基地（郁南县地方志办供图）

桑生产主要采取"公司＋合作社＋农户"和产加销、贸工农、农科教紧密结合的"一条龙"蚕桑生产经营模式，发展迅速。

由于东坝蚕桑产业的快速发展，2005年东坝镇被广东省科技厅评定为广东省蚕桑专业镇。2008年，东坝镇政府、广东省农科院蚕业与农产品加工研究所和郁南县信达茧丝绸有限公司共同承担组建了"东坝蚕桑专业镇技术创新中心"，产品主要有蚕茧、蚕丝被、桑叶茶、桑果酒。2010年，经国家质检总局批准，东坝蚕茧被确认为国家地理标志产品。作为革命老区的思磊村，一直坚持蚕桑养殖业传统并发挥产业优势，主导产业突出，带农增收效果显著，市场影响力大，标准化、规模化程度和组织化水平高，持续发展能力强。2018年，该村被评为"全国一村一品示范村"。

养蚕（郁南县地方志办供图）

制作蚕丝被（郁南县地方志办供图）

"国家地理标志产品"牌匾（郁南县地方志办供图）

（供稿：东坝镇政府；复核：郁南县地方志办）

后 记

2018年，广东省人民政府地方志办公室对全省自然村落历史人文普查工作成果进行初步的开发利用，组织编撰"广东名村系列丛书""广东乡村集萃系列丛书"，选取部分特点突出的历史文化村、特色产业村、美丽乡村、红色文化村、教育强村、经济强村等广东名村，以及特色建筑、民俗、物产、人物、技艺、传说等广东特色集萃，试图搭建普查资源结构化展示的雏形。两套丛书编撰出版工作按计划分步实施，经过半年多的努力，首批编撰的《广东历史文化村》《广东美丽乡村》《广东特色产业村》《广东红色文化村》《广东物产》和《广东特色建筑》即将面世。丛书初稿由全省各级地方志工作机构组织撰写与推荐，并由仲恺农业工程学院师生按照一定标准，对征集资料进行再度评选和编撰。丛书使用的图片主要采用各地报送和丛书项目组拍摄的图片，网络图片均来自官方网站。

编撰出版过程中，得到各方的支持。各级地方志工作者克服时间短、任务重的困难，从浩瀚的村落普查资料中，挑选推荐出广东名村和特色项目；仲恺农业工程学院师生认真统稿、严格把关；华南理工大学出版社积极配合、高效运作；省情专家陈泽泓精心指导，张莹全程参与。同时，对本书文稿和图片提供者，一并感谢。由于成书仓促，错漏难免，敬请读者不吝赐教。

丛书编辑部
2018年12月